红色记忆® 53

鱼水情深深似海

海南省文化交流促进会　编

南海出版公司

2016·海口

图书在版编目（CIP）数据

红色记忆．53，鱼水情深深似海 / 海南省文化交流促进会编．-- 海口：南海出版公司，2016.10（2025.1 重印）

ISBN 978-7-5442-8570-4

Ⅰ．①红… Ⅱ．①海… Ⅲ．①革命传统教育－中国－青少年读物 Ⅳ．① D642-49

中国版本图书馆 CIP 数据核字（2016）第 268409 号

HONGSE JIYI · 53——YUSHUI QINGSHEN SHEN SIHAI

红色记忆 · 53——鱼水情深深似海

作　　者　海南省文化交流促进会
总 策 划　刘　栋
顾　　问　贾延岩
执行总编　任在齐
责任编辑　聂　敏
封面设计　郑广明
排版印务　白　多
发行总监　杨成春
出版发行　南海出版公司　电话：（0898）66568505
社　　址　海南省海口市海秀中路 51 号星华大厦五楼　邮编：570206
电子信箱　nhpublishing@163.com
经　　销　新华书店
印　　刷　天津睿意佳彩印刷有限公司
开　　本　787 毫米 ×1092 毫米　1/16
印　　张　7
字　　数　125 千字
版　　次　2016 年 10 月第 1 版　2025 年 1 月第 2 次印刷
书　　号　ISBN 978-7-5442-8570-4
定　　价　39.80 元

序

对历史无知的人，没有真正的信仰可言；没有信仰的人，不可能拥有美好的理想，不可能胸怀崇高的情感，也就不可能担负起任何责任。用欲望文化代替历史教育，足以使一个国家的青年被腐蚀、使一个民族的希望被毁掉，使这个国家和民族被永世万代地奴役！

鉴于此，我们呼唤历史，唤回那段属于二十世纪的“红色”历史，唤回那段炮火硝烟、颠沛流离的历史，唤回那冲天的狼烟留下的悲壮回忆、岁月年轮沉淀的斑驳痕迹。历史不应该被忽略，更不应该被遗忘，牢记那段革命战争年代的红色历史更是责任。为了那些不应该被忘却的记忆，为了那些不应该被丢弃的信念，于是就有了这套《红色记忆》丛书。

曾记否，当草鞋与意志丈量出来的两万五千里穿越一个伟大民族五千年的荣辱兴衰，革命的火种被一路播撒、一路点燃。人迹罕至的雪山、荒无人烟的草地被鲜血浸透，衬映出一段光辉的里程；万水千山早已被远远地抛在身后，一轮红日在黄土高原磅礴而起。满目疮痍的河山在1936年10月温暖如春……

曾记否，当生命和鲜血浸染的十几年光阴将一种记忆铭刻进一个伟大民族的历史画卷，革命的火焰从星火到燎原。这栏杆拍遍、易水悲歌般的呼号，这折戟沉沙、慷慨赴义的悲壮，这铁马冰河、枕戈待旦的苦战，这红旗漫卷、所向披靡的豪迈……腔腔热血、铮铮铁骨早已被熔铸成一座不朽的丰碑，中华民族从苦难中百死后生的壮丽诗史凝结成了五星闪耀的红色记忆。

曾记否，中华人民共和国成立以来，又有无数英烈接过前辈用鲜血染红的旗帜，或壮怀激烈戍边卫国，或忠于职守鞠躬尽瘁，或绝甘分少奉献大爱，甘做国家强盛、人民富裕的铺路石，成为和平年代民族复兴的荣光，把人民心中的红色记忆浸染得分外鲜艳，永不褪色。

这红色记忆，是信念不衰、志向不改的崇高气节；这红色记忆，是无私无我、生属苍生的博大胸怀；这红色记忆，是敢为人先、披荆斩棘的拓荒精神；这红色记忆，是中华民族最宝贵的精神财富。它告诫我们，人事有代谢，传承无绝期。缅怀先烈精神，继承先烈遗志，是社会的道德和民族的良心，是后来者须臾不可忘怀的本分。

老一代人把历史的真实交付给我们，我们有责任用真实还原历史，传承给下一代，把那段岁月与现在年轻人的生活连接到一起，使他们眼中的历史变得立体、真实、可靠，让历史成为他们前进的动力。本丛书将那些流动的、随时会飘散在时间天际的事件凝固下来，希望透过这些文字、图片，感受到英雄们那坚定的革命信念，感受到那个年代澎湃的革命激情，真切体会那段“红色历史”。

忘记历史，就意味着背叛。让我们重温历史，缅怀先烈，从中汲取力量，毅然前行。

刘栋

目录

CONTENT

目录

CONTENT

军民团结的英雄壮歌

文／尹治文

陈毅元帅曾感慨地说：“淮海战役的胜利，是人民群众用小车推出来的！”“攻战之本，系乎民心。”而无数事实也在诠释着这样一条铁律。为支援我军渡过淮河，大嫂献出了仅有的一只木船和独生女的生命；行军途中敌人在后面紧追不放，我军战士突发疾病瘫倒在地，是老乡帮助脱离了危险；大爷动员儿子支前，儿媳回娘家，将洞房花烛夜的新房腾出来给伤员住；两天时间，红军部队就从藏族群众那里购买了十多万斤粮食和酥油……四位老战士亲历的故事，是我军建军八十多年辉煌历程的一个缩影。

当年曾经指挥八十万大军在淮海战役中与我军决战的国民党将领杜聿明在惨败后发出这样的感叹：“败在敌人手里可以挽回，败在老百姓手里，再也无法挽回了！”

当年老百姓为子弟兵送军鞋的情景

毛泽东同志有句名言：兵民是胜利之本。这是一条永不过时的真理！在新的历史条件下，我们要发扬我军听党指挥、服务人民、英勇善战的优良传统，永远保持人民军队的性质、宗旨和本色。

老战士岳春普：暴风骤雨过淮河

岳春普，辽宁省军区大连第二干休所离休干部。河北定县人，1924 年 2 月生，1938 年 10 月入伍。曾任沈阳军区某师政治部副主任等职。

1947 年，刘邓大军千里跃进大别山实施战略反攻时，一位不知姓名的渔家大嫂，为了援助刘邓大军渡淮河，倾尽了全力，无私地献出了仅有的一艘木船和她独生女的生命……

那是 8 月下旬的一个雷雨天，二纵六旅在鲁西南羊山集战役歼灭敌六十六师，活捉该师师长宋瑞珂之后，经过五夜急行军，抵达豫鄂交界的淮河北岸，与纵队机关近两万人马沿淮河展开，准备渡河。由于上游下大雨，下游河水暴涨，水深流急，徒涉困难。这时，敌机仍在头顶上空盘旋俯冲，轰炸扫射。后面三个师的敌人紧紧尾追，五旅部队正在阻击，拼死血战，我纵队如不迅速抢渡，势必背水一战，形势非常紧张。

“同志们，赶快过河啊！过河就到大别山啦！”旅长周发田和政委刘华清策马扬鞭，一路高喊着，沿河北岸自西向东驰去。这时，我远远望见河心有一只小渔船上下起伏，时隐时现地由南向北划来。我身边的侦察科任科长告诉我：渡河前，他派出侦察连沿河跑了几十里，才找到这么一艘小渔船。船的主人是一位三十多岁的渔家大嫂，领着一个十岁左右的女孩。她丈夫被国民党抓丁，生死不明。几天前，敌人为了阻止我军渡河南下，便将沿河所有的大船掠到蚌埠一带封锁起来，并下令将河上的小船统统烧毁！这位大嫂冒着生命危险将她的小渔船驶入芦苇中才躲过了一劫。这次她不顾国民党“资共者杀”的严令前来支援我军渡河！首长命令：“这只小船，只准运送药品和文件箱！”

那渔船渐渐地靠上北岸，我见大嫂手握双桨，默默地站在船尾。她表情非常坚毅。小女儿拉着她的衣襟，依偎在她身边。孩子虽然穿着很旧，但很整洁，两只忽闪忽闪的大眼睛，十分惹人喜爱。船装好后，大嫂顾不得休息一下，便又掉头南渡。听在场的战友说，大嫂已为我们往返运送六七趟了。看着大嫂远去的身影，我不由得肃然起敬。这时，原本好好的天空忽然，雷电交加，顿时暴风骤雨，一米多高的大浪一个接着一个地向小船涌去，把小船打得左右摇晃。眼看小船就要驶过河心了，突然一个像小山头似的大浪向小船扑去。船身猛烈地颠簸起来，小女孩没来得及抓紧妈妈，一下掉入河中。孩子落水，大嫂刚要去救，汹涌

的浪头又险些把渔船打翻。在此紧急的情况下，她赶紧稳住船桨，毅然放弃救孩子，拼命地把船向南岸划去。船头上的两名战士和岸边的十余名战士立刻跳入河中营救女孩，但是战士们在河中追了一百多米也未见女孩的踪影，孩子被大水吞噬了。

小船继续向前驶去，但看得出，大嫂的身体在左右摇晃。物资卸船之后，大嫂又把小船划过北岸。我看着大嫂那瘦弱的身体和满含泪水的双眼，心里十分难过。她脚步沉重地上岸，什么也没说就瘫坐在河岸上。

部队领导拿来几十块光洋（银圆）给大嫂，大嫂没接，她说："现在就剩下我一个人了，不需要什么钱了，随便怎么都能过，你们留着吧，部队到大别山更需要……"听到大嫂的话，在场的许多同志都哭了，大家都在默默地发誓：大嫂！放心吧，我们一定要打进大别山，用消灭敌人的实际行动来报答您。

黄昏，我们告别大嫂时，只见她仍静静地站在那里。当我们渡到南岸时，大雨仍在下，雷电仍在轰鸣，北岸岸边的一切都看不清了，然而我却觉得大嫂的身影仍在我的眼前。此事已经过去几十年了，然而当年险渡淮河和那位渔家大嫂的身影却深深地留在我的脑海里。

老战士黄建民：八女抬我赶部队

黄建民，河北饶阳人。1930 年 8 月生，1946 年入伍，1947 年加入中国共产党。曾任山西省军区政治部干部处处长、石家庄高级陆军学校政治部副主任兼干部部部长等职。1988 年被授予少将军衔。

1948 年夏天，我在晋察冀野战军三纵队补训团当通信员。为了寻找战机，消灭敌人的有生力量，部队在冀东地区进行了大范围的机动转移。每天行军上百里，到宿营地后，还要完成徒步通信任务，连续几天的长途行军，加上伙食保障也遇到困难，让人觉得特别疲劳。

一天下午 2 时许，天气闷热，在行军途中我突然感到肚子疼痛，在一棵大树下上吐下泻，我感到浑身发软，瘫倒在地上，怎么也站不起来。大部队迅速前进了，我离部队越来越远，而敌人就在我们身后不远的地方，我的处境非常危险。此处距前边的村庄有一公里多，我想如果到宿营地后，首长看不到我一定很着急，同时还有通信任务要我去完成。所以，我一定要赶上部队，就是爬也要爬过去，我咬紧牙关，走走停停，摔倒了又爬起来，坚持了一个多小时，终于到达了前边的村庄。

进到村里，迎面遇到了一位青年民兵，他看我身体非常虚弱，还背着一支步枪和一个背包，就上前询问。当他问清我的情况，了解到我要追赶部队的想法后，就拿上我的背包，把我搀扶到一位六十多岁的老大娘家里。老大娘看我病成这个样子，心疼地把我扶到炕上，用家里仅有的两个鸡蛋，给我做了一碗鸡蛋汤。她亲切地说："孩子，大娘这儿没什么好吃的，喝碗汤暖暖身子吧。"下午4时许，那位青年民兵找来了八位年轻女同志和用几根木棍绑成的简易担架。她们看我扭扭捏捏不好意思让她们抬，就热情地说："现在是打仗的时候，男青年都去支前了，就让我们抬你去找部队吧。"然后，她们不容我分辩，连拉带抬把我弄到了担架上。只听那位青年民兵用命令的口气说："你们一定要在天黑以前，把这位解放军同志送到部队，有天大的困难也要克服。"一位姑娘坚定地说："请连长放心，我们一定完成任务。"这时我才知道，原来他是这个村子的民兵连长。

一路上，担架在八位女子的肩上轮换抬着，有时路窄难走，她们一方面尽量保持速度，一方面又小心翼翼地保持着担架的平稳。盛夏的天气，骄阳似火，八位女子个个汗水淋漓，把衣服都湿透了，但谁也不说一个累字，谁也不说休息。她们喘着粗气，一口气抬了我近十五公里，天黑前终于把我送到了部队的宿营地，把我交给了部队首长。当时我清楚地记得，一位年轻的妈妈怀里抱着一个吃奶的孩子，担架在八位女子肩上轮换，孩子也在八位女子怀中轮流抱着。由于天热和饥饿，孩子不断地哭着喊娘……几位女子还指着我小声说："才十几岁，还是个孩子，就离开了父母，当了解放军（当时我才十七岁，个子长得矮），还不是为咱老百姓，我们一定把他送到部队。"

我到部队后，经过诊治，病情好了许多。第二天，我又骑着老乡的一头毛驴随部队转移了。后来才得知，就在我们转移的第二天下午，敌人就侵占了那个村庄。是她们抬着担架及时把我送到部队我才能够活下来，是她们给了我第二次生命。

老战士阎鸿魁：救命之恩永难忘

阎鸿魁，山东沂水人，1926年5月生，1945年6月参军，曾任济南军区某师政委等职。

1948年11月间，我参加了淮海战役。我所在的鲁中南纵队为保证主力部队全歼国民党黄百韬兵团，奉命在河南永城打阻击战。战斗空前激烈，部队伤亡很大，不少营连干部都牺牲了。

我当时是连队指导员，右肩被敌人炮弹炸得血肉模糊，一连十多天昏迷不醒。我和其他两百多名重伤员被送到地处临沂以北、沂河东岸的东哨村。那里的老百姓很穷，饭都吃不饱。村子里的党员看到我们这些重伤员，疼在心里。他们提出一个

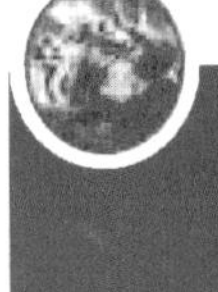

口号："宁肯自己要饭，也要保证伤员吃饭。"每天村里的大嫂和识字班的妇女们，挎着篮子送来热地瓜、煎饼和稀饭、咸菜，给伤员们喂饭、喂水，比伺候自己的孩子还要上心。

一次，一个十五六岁的小姑娘提着盛满稀饭的瓦罐来到我住的小草屋。她家的稀饭是用红心地瓜和小米、绿豆做的，特别甜。我喝完第二碗，她再给我盛时，我问她："你家的稀饭怎么这么甜？"她红着脸笑着回答："我嫂子在稀饭里放了红糖。"我心里顿生疑问：沂蒙这个老解放区是蒋介石的"眼中钉"，国民党封锁得那样严密，老百姓连食盐、火柴、针线等日用品都买不到，哪里能有红糖？小姑娘终于讲了实情："糖是我嫂子娘家从临沂城买来给她坐月子用的，吃了红糖小米稀饭好下奶喂婴儿。"听了她的解释，我感动得掉下了眼泪，忙对小姑娘说："我吃饱了，请你把剩下的稀饭提回家给你嫂子喝吧。"

11 月下旬，天降大雪，滴水成冰。寒冷的天气严重威胁着伤员的生命。医院党委和村干部联合召开紧急会议，采取各种措施，确保不冻坏任何一名伤员。老党员李大爷动员儿子去支前，儿媳回娘家，把洞房花烛夜的新房腾出来给伤员住。就这样，还有一些伤员没有住处，村干部就组织全村的识字班妇女和会员再加上医务人员，连夜用高粱秆和玉米秆搭起了蒙古包式的十三座草房。就在这样的草房里，野战医院的白衣战士，先后为我做了五次手术，治好了我的伤。

1949 年 4 月 26 日，一个阳光灿烂的日子，给我动手术的那位姓迟的女军医告诉我："指导员，你可以出院了。根据你的伤情，院党委给你评为二等甲级残疾军人。"她还告诉我："你入院时真的很危险，不睁眼，不说话，不吃饭，持续高烧。看你现在多精神啊！"

老将军贾若瑜：红军藏胞一家人

贾若瑜，四川省合江县人，1915 年生，1931 年加入中国共产主义青年团，1935 年参加红军，次年加入中国共产党。曾任中国人民解放军总政治部代秘书长，军政大学副教育长，军事学院教育长、副院长、顾问等职。1955 年被授予少将军衔。

长征途中，我在红十六师任参谋，负责军务和军训工作。部队通过藏族同胞聚居区的经历，我永生难忘。

1936 年 4 月 25 日至 28 日，我红二、红六军团从云南的石鼓至巨甸段渡过金沙江后，进入中甸（今香格里拉）辖区的格罗湾、竹吾地区休整。军团政治部给我们介绍了藏族同胞聚居区的情况，特别强调藏族同胞有自己的宗教信仰、语言文字、生活方式和风俗习惯，我们进入藏族同胞聚居区，必须严格执行"三大纪律八项注意"和党的民族与宗教政策。

1936年5月1日，我红六军随红二军团到达中甸县城。中甸是一座只有几百户人家的高原小县城。这儿是藏族同胞的聚居地，居民都信奉喇嘛教，几乎每户都设有经堂。到中甸县城后，我军总部立即张贴了《中华苏维埃共和国中央革命军事委员会湘鄂川黔滇康分会布告》，说明红军是为老百姓谋利益的军队，让当地藏族同胞知道红军路过的目的。

藏族同胞的住房多为二层楼房，上楼的梯子同我们汉族居民不一样，它是用刀斧将一根直径三四十厘米的独木柱子砍成瓦楞似的阶梯。我们分别住在居民家里，严格按规定不进房东的“经堂”，主动帮助居民打扫卫生，参加必要的劳动，为藏族同胞医治疾病。

当地有座喇嘛庙名叫归化寺。我们在红二、红六军团总指挥部统一领导下，开展争取藏族同胞和喇嘛僧侣的工作。由于我们全体官兵模范地执行党的民族和宗教政策，用实际行动影响当地群众，使当地具有影响的归化寺的保管财物和“跳神”用品的喇嘛夏拿古瓦等人解除了顾虑，主动来到红军驻地会见贺龙总指挥。贺龙请他们带信函转交归化寺的八大长老，说明红军对藏族同胞和寺庙的政策，并派哨兵站岗保护该寺。

5月2日，贺龙同志等四十余人应邀前往归化寺做客，受到了该寺全体僧侣的欢迎。掌教的八大长老和数十名喇嘛将贺龙一行迎入寺院，举行了隆重的“跳神”仪式。贺龙同志也赠送了“兴盛番族”红色横幅给他们，表达我们红军对藏族同胞诚挚的祝愿。

当时还发生了一件趣事。由于高原小城比较闭塞，有的藏族同胞没见过手电筒。夜里，我们值班的同志手里拿着手电筒巡视查哨，发出一道亮光。有的藏族同胞感到很奇怪，不知这是什么宝物。藏族同胞平时身上总挂着腰刀，既是防身用具也是装饰品。一次，有位藏族同胞夜里尾随我们查哨的同志。查哨者走到哪里，他就跟到哪里。这位同志不知尾随的藏族同胞要什么，语言又不通，就没有理他。第二天一早，这位藏族同胞背着糌粑、腊肉到我们驻地，打着手势，比画着要用这些糌粑、腊肉换那个东西。查哨的同志不知是什么意思，就摆摆手。他误以为给的东西少了，就加上一袋糌粑，不行就再加上腊肉。相互用手势比画着仍无法沟通，只好找来懂当地语言的同志，才把事情原委搞清楚。我们的同志告诉他，这手电筒是查哨的工具，没有多余的。见这位藏族同胞想要，我们只好拿出一支送他作纪念，另外，又给他两节干电池备用。糌粑、腊肉让他带回去。他接过手电筒后高兴得手舞足蹈，把手电筒挂在胸前神气地离去，显示他有了个“宝物”。

军民关系的融洽，带来了和睦的气氛。5 月 3 日、4 日两天，我们就从藏族群众那里购买了十多万斤粮食和酥油等，而且和他们结下了深厚的友谊。

（本文选自《解放军报》）

马英：老百姓家中供着八路军的“神位”

文／吕文清　支士豪　刘燕伟

马　英

“老百姓与游击队，那可是鱼水情深啊！”九十四岁高龄的抗日老战士马英，说起大青山的老百姓，流露出心驰神往的表情。

1937年1月，为躲避国民党军阎锡山部抓丁充兵，马英背井离乡投奔了共产党领导的人民军队。抗战期间他参加过忻口战役，后随八路军一二〇师三五八旅转战山西、内蒙古、河北等地，曾作为三五八旅游击第六支队战士在大青山区与日军和伪军、顽军作战。1939年，马英加入中国共产党。

在山西省吕梁市离石区一条小巷的简朴居所里，马英老人的娓娓讲述，让我们回到了七十多年前的烽火岁月。他回忆，那时大青山一带上了点年纪的百姓评价八路军说“能打仗能吃苦，我从小到大没有见过这样的军队”，有的人家里甚至还供奉着八路军的“神位”。

八路军为什么会赢得群众的爱戴？马英老人说，因为两条：一是八路军真心抗日，二是八路军真心为民。

1938年秋，马英所在的八路军一二〇师一个支队，配合山西省总动员会的四支队，突破敌人的阻截与包围，冒着冬季的酷寒，直插绥远平绥路以北，在蒙汉杂居的大青山建立起抗日根据地和游击区。“那时，我们游击队人少、武器差，主要是东北造的老套筒枪，还有山西仿造日本三八大盖的步枪，普遍打不远、打不准……”马英老人回忆说。

实力不足，没法硬拼，但八路军不仅不畏惧战斗，还渴望战斗，以游击形式零敲碎打，以智取胜。马英老人给我们讲了一个智取炮楼的故事。

“1939 年冬，内蒙古毕克旗镇有敌人的一个炮楼，炮楼里面住的日本人，下面设一个关卡，由伪军把守，盘查过往老百姓。我们决定端掉这个炮楼，可炮楼里的日军基本不出来，没法下手。当时队长考虑到我年龄小，不容易引起敌人的怀疑，就派我去附近侦察情况。通过几天的观察，我发现日本人虽然不出来，但一日三餐都是老百姓给他们送，于是我赶紧把情况向队长做了汇报。一天中午，我们化装成老百姓给日军送饭，队长滕子乐、副队长李二青把饭桶分成两层，底下一层放了一把手枪，上面一层盛满了小米汤。我带了一盒干粮，来到炮楼。下面的伪军简单检查后，打电话请示了上面的日军，就放我们上去了。进了炮楼后，我们发现只有一个日本士兵在站岗，其他四人脱得光光的在床上睡大觉。我们一看真是天赐良机，赶紧从饭盒里把手枪掏出来，很快就把这五个日本兵干掉了。这时，怎么安全脱身，又成了一个问题。我们灵机一动，拿起电话通知下面的伪军换班，把伪军支开后，才携带缴获的一挺歪把子机枪、四支三八大盖步枪，匆匆撤走了。回来之后，我高兴得接连好几天都睡不着觉。日军知道了我们的厉害，警惕了很多，以后送什么都不让送了，炮楼里也都换成了伪军。”

有战斗就会有牺牲。说起抗战期间自己所在游击队的战友时，马英老人顿时老泪纵横：“我们有个队长是四川人，不习惯北方寒冷的气候，但他还是给了我无微不至的关怀。我母亲去世得早，从小又离开了父亲，自从认识队长后，我才体会到了亲人的温暖。可是我没有保护好他，我一直都无法原谅自己，到现在做梦还经常会梦见他。”

令马英老人刻骨铭心的，是 1938 年冬天的一个夜晚。“队长带着我们二十余人袭击大同丰镇红沙坝火车站，我们围住管理室，向里边的日军喊话，让他们出来缴枪。日军拒绝投降，于是我们向里边扔了两枚手榴弹，以为把日军都炸死了。准备撤离时，队长说里面肯定有电话，咱们拿回去留个纪念。说着他转身走进了管理室，我以为就拿一个电话机的事，很快就出来了，就没跟着进去。可队长刚一进去，我们就听见一声枪响，于是赶紧冲进去，可还是晚了。有个日本兵躲在角落里，没被手榴弹炸死，队长进去后，日本兵从后面偷偷放了黑枪，队长当场壮烈牺牲。当时，我的悲痛无法用语言来表达，怒火一下子就上来了，我们把那个日本兵拉出去，在一条河沟里处决了，为队长报了仇。”

看到八路军真的在打日军，大青山的老百姓们铁了心拥护八路军。马英老人回忆说：“八路军为国家到大青山来抗日，吃点喝点不打紧。”这是当时老百姓的普遍

大青山抗日根据地展馆

心态。群众在深夜只要听到叫“老乡”的声音，就马上开门欢迎。在冰天雪地里，深夜为八路军运粮；在敌人严密封锁的白色恐怖下，为八路军购买皮衣御寒；还有的假装娶媳妇，用花轿抬运被日本人禁买的物品，送给八路军；在日军烧房搜山的困难环境下，为八路军保护伤病员。“在我们游击区域的周围，群众为八路军保守秘密、封锁消息，陌生人就是在八路军附近五里十里也问不到我们在哪里”。

八路军游击队也像对待自己亲人一样对待老百姓，不仅保护群众不受土匪打劫、伪顽骚扰，还尽量减轻群众的负担，自己解决困难。1943 年，由于连续多年战争，老百姓的生活也很拮据，心有余而力不足，无法继续为八路军部队提供粮食。“特别是冬季，连续几个月，我们每人每天只能分到一两小米，主要以土豆为食，吃得官兵们两眼发黄。后来，我们就跑到深山里开荒种地，自给自足。白天，扛起锄头当农民；晚上，扛起枪杆就是兵，专门下山偷袭小股日军。”

有这样真心抗日、真心为民的队伍，大青山的老百姓当年那句“宁可八路军住十年，不让冒牌军打一尖”的话流传甚广，自然是肺腑之言，也折射出抗日战争能够取得最终胜利的真谛所在。

（本文发表于 2015 年 9 月 1 日，选自中国军网）

抗战中的军民鱼水情

文／王　飞

1941年初夏的一天，随着一声啼哭，一个女婴诞生在太行山区一个不知名的老乡家的驴圈里。面对新生命的诞生，一对青年夫妇却怎么也高兴不起来。百团大战后，侵华日军进行报复性“扫荡”并推行“治安强化运动”，太行根据地进入了极其困难的时期。

“国难家仇，女儿生不逢时啊！”身穿八路军灰色军装的男青年，高个子，文质彬彬，目光睿智而坚毅。“那怎么办？孩子太小了，经不起奔波。”孩子母亲望着她的丈夫。后来，夫妻俩经过商量把孩子寄养在清漳河黎城境内、八路军第一二九师师部驻地赤岸一个叫麻池滩的小村，女婴起名刘华北。

麻池滩是一个只有几十户人家的山村，刘华北被安排在彭双贵家里，女主人叫武巧凤。当时他们已有一个四岁的男孩，武巧凤之前怀孕时流产，刘华北的到来使这对夫妻喜出望外，他们把刘华北当成自己的亲闺女精心养育。

刘伯承

“当时我只有四五岁，有好多事都很模糊，但有关妹妹刘华北的事我还是能记起一些。”华北的哥哥——七十五岁的彭云生回忆道，“华北活泼可爱，就像我的亲妹妹，我父母也非常疼爱她。有时我与妹妹争吃食时，母亲总是向着她。有一次日军来‘扫荡’，父亲牵着驮粮食的牲口走在前面，我背着华北妹妹在中间，母亲背着衣物走在最后。我走得太累了，身子一抖，妹妹从背上摔了下来，被树枝划破了皮。母亲可把我打坏了，直到现在我还觉着委屈。当然也有很高兴的事儿。有一天两位八路军来到我家，还牵来一匹很高很高的马。不一会儿我们就上了马，妈妈抱着妹妹在前面，我在后面，走了好远好远，最后来到第一二九师师部驻地赤岸。那天可能是过一个什么节，中午有好多好吃的，有一位戴眼镜的高个子伯伯特意给我碗里夹了两大块肉，还亲切地说：‘小鬼，多吃点，到家里就吃不着了。’”

这位“高个子伯伯”就是第一二九师师长、刘华北的亲生父亲刘伯承。

1944 年的一个冬日，很冷，天上不时飘着几片雪花。这一天彭双贵、武巧凤夫妇起得特别早，他们张罗着小华北的行李。早饭后，来了两位八路军战士，还带来一匹高头大白马。刘华北骑在上面，穿着奶娘做的红花小棉袄，眼里含着泪花。彭双贵安慰说：“华华不哭，我们等着你回来！”不善言辞的武巧凤只是流泪，把两个热鸡蛋塞在了孩子的小手里。“妹妹你别走！”彭云生哭着跑出家门，使劲去追那匹白马，眼看着妹妹渐渐消失在阴冷的风雪中……

自刘华北被第一二九师司令部派人接走后就再也没有回来过，而养育过她的奶娘武巧凤、奶爹彭双贵，只有默默地等待、等待……没想到这一等就是半个世纪过去了。

为什么刘华北一走就是几十年，到底到哪里去了？彭双贵全家一无所知。后来彭双贵夫妇给刘伯承写信打听刘华北，在收悉回信后才得知他们的“华华”已“不在了”。闻讯后武巧凤老泪纵横，多少次在梦里喊着“华华”醒来。

彭双贵叔叔：

我叫刘雁翎，是华北姐姐最小的妹妹，你们给我爸我妈的信收到了，相片也收到了，望放心。爸爸妈妈年纪大了，身体又不好，他们住院了，我近来工作比较忙。妈妈让我替她写一封信给你们，她说华北姐姐虽然不在人世了，但在那抗日战争的艰苦岁月里，你们帮忙照顾她，是很尽心、很辛苦的，非常感激你们二老，今寄去二十元钱，你们买些吃穿用的，以表我们不忘你们之心！收到钱后，请回信！

祝你们全家安好！

华北的妹妹：刘雁翎

一九七八年三月十二日

这是刘伯承的三女儿刘雁翎代刘伯承夫妇写给彭双贵夫妇的。

在刘华北被接走后的这段时间里，虽然刘伯承夫妇在马不停蹄地为中国的革命和建设日夜操劳，但心里仍没有忘记太行老区的人民，仍没有忘记女儿刘华北的养父养母，他们通过写信、寄钱、寄物等形式表达自己的感激之情。对于刘华北是

“怎么不在的”，刘伯承一家始终没有明确给予回复。这毕竟是一道深深的伤疤，刘帅不想再去刺痛另一家亲人的心。武巧凤、彭双贵分别在1981年和1989年去世，两位老人临终前均不安心，留下了遗言：“一定要打听到华华是怎么不在的。”

1945年8月18日，只有六岁的刘华北在延安托儿所不幸被敌人暗害。后来，彭云生知道这个情况后，含泪去父母的坟头将此消息告诉两位老人。

眼前的彭云生老人，一脸的沧桑如同刀劈斧砍的大山褶皱一般，岁月的久远并没有冲淡他在内心深处对一个毫无血缘关系的亲人的怀念。

当人们在他面前提及刘华北这个名字，他下意识地念叨：“妹妹，妹妹……”老人时常徘徊在清漳河边，似乎在漫步又似乎是在寻找着什么：“妹妹那一年是骑着大白马过的河，过了河我就再也没见过妹妹了……”

（本文发表于2015年9月2日，选自《中华文化报》）

三百多名胶东乳娘哺育八路军后代

文／范奇飞　宫玉聪　管水锁

1951 年胶东育儿所全体人员留影

这是爱的故事。因为爱，一批八路军指战员忍痛舍弃幼小儿女，全身心投入抗日战场；因为爱，中共胶东党委组建育儿所，哺育革命后代；同样因为爱，三百多名胶东乳娘和乡亲精心哺育这些离开父母的孩子，甚至不惜疏离自己的骨肉。这是怎样一种常人难以理解的爱？！时隔七十年，笔者和部分当年的乳儿一同踏访胶东，解析爱的密码。

“娘，当年你咋舍得丢下我和妹妹？”“谁舍得呀？都是自己的骨肉！可那时国家都快没了，没了大家哪还能有小家？我们不站出来，就得当亡国奴！……好在，有育儿所，有乳娘和乡亲们疼你们！”七十二岁的宋玉芳向笔者回忆起与母亲生前的对话，几度哽咽。

宋玉芳出生在一个革命家庭，父母均为老八路。但在她的记忆里，父母是八岁后才出现在她生活中的“陌生人”，在此之前，胶东育儿所才是她的家。宋玉芳说：“记得刚回来时，由于不适应新环境，妹妹常悄悄问我‘咱什么时候回家’。现在父

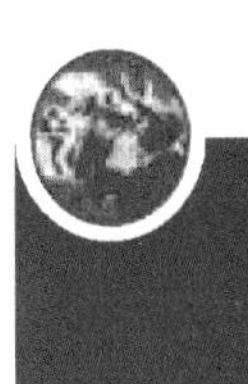

母过世了，我也已年逾古稀，真的想回家了，回去找我的另一个娘，用乳汁把我养大的娘！”

被宋玉芳和妹妹宋玉芝视为家的胶东育儿所，位于山东省乳山市崖子镇田家村。1942 年至 1955 年，这里寄养、代养过一千二百二十三名八路军后代和烈士遗孤。在严酷的环境中，这些孩子得到精心照料，无一伤亡。

生命寄托：硝烟中的承诺

走进胶东育儿所教育基地，随处可见的红色标语让笔者仿佛穿越回七十多年前那个战火纷飞的年代。

1937 年卢沟桥事变后，日军迅速南犯，同年 10 月入侵山东。不久，山东全境被日军占领，胶东地区的八路军主力和党政军机关在突破日军层层封锁中被迫频繁转移。时刻准备行军打仗，孩子无法带在身边抚养，怎么办？于是，有的八路军战士含泪将孩子送给老乡，有的甚至忍痛直接把孩子放在了路边，期盼能被好心人收养……

孩子是未来、是希望，哪有父母不疼儿？为妥善安置这些革命后代，中共胶东党委指示组建育儿所。很快，胶东区行政主任公署和胶东妇联就决定在牟海县（今乳山市）组建胶东育儿所。为什么选择乳山？原乳山市党史市志办公室主任高玉山告诉笔者，因为这里群众基础好，革命群众爱戴共产党、八路军。

面前的这几间大房子就是例证。村民沙红基告诉笔者：“这本是当年父亲用来结婚的新房。当他知道育儿所要在这里安家时，马上让出了新房给孩子们住。为了让孩子们住得舒服，他还在房子里建了南北两个大通炕，便于冬季取暖和工作人员晚上看护孩子。”

1942 年 7 月，育儿所正式成立，周围村子的妇女救国会（以下简称“妇救会”）负责寻找乳娘，婴儿随乳娘分散在各村居住，已经断奶的则集中在育儿所里，由保育员照料。

七十多年过去了，当年的新房已变成了老屋。透过凹凸不平的门板，笔者好像看到，在七十多年前的一个深夜，行色匆匆的联络员敲开这扇门，将怀抱中的孩子托付给门内的保育员和乳娘。而她们接过联络员手中的孩子，就接过了这份超越血脉的亲情，就许下了千金一诺。为此，她们付出了超越本能的母爱。

乳母怀抱：战火中温暖的摇篮

在胶东育儿所纪念馆展室的一块宣传展板前，乳山一中学生张凯久久地驻足凝望。展板上，有他的太姥姥——乳娘宫元花的照片和事迹。1942 年冬，日军对育儿所所在区域进行拉网“扫荡”，宫元花和保育员李玉华抱着孩子上山躲避。她们在山里露宿了一天一夜，雪夜里，宫元花用体温温暖着乳儿。她们一天没吃东西饥肠辘辘，偶遇老乡给了一块玉米饼子，宫元花舍不得吃，嚼碎了饼子一口一口喂给孩子……张凯用手机拍下展板，眼眶是红的，他告诉记者：“没想到，这种大爱就在我身边，我很自豪。”

顺着乡间小路，笔者来到了年近百岁的陈淑明家中，听说笔者想听听乳儿的故事，老人很开心，她指着炕头说：“这是我家的祖屋，小正义刚来时才五十天，得了惊风病，脖子不能动，吃奶都费力。人家笑我领回了一个‘死孩子’。我可不管人家怎么说，这孩子的爹妈打鬼子去了，再难，这孩子我也养着。孩子体弱，怕他哭多了伤身子，我就一直抱着。夏天，给他扇扇子一扇一夜。十里八乡的大夫都找了，孩子也一天天好起来了。”

自己舍不得吃的给乳儿吃，把育儿所给的粮食补助换成药品或鸡蛋滋补乳儿……相处日久，乳娘们早把乳儿当成了自己的孩子，甚至比对自己的孩子更疼爱。

在育儿所，至今流传着乳娘姜明真舍骨肉保乳儿的故事：1942 年 9 月，东凤凰崖村姜明真的孩子刚满八个月，就被断了奶，而姜明真给从育儿所接回的刚满月的婴儿福星哺乳。两个月后，鬼子来根据地“扫荡”，姜明真带着儿子和福星藏到山洞里。为了避免儿子看到自己给福星哺乳哭闹而暴露目标，姜明真狠下心，把十个月的儿子送到另一个无人的山洞里。敌机轰炸时，她紧紧搂着福星，听到不远处自己孩子的哭声，她心如刀割，但为了不惊动鬼子，一直忍痛未动。敌人走后，她的婆婆跑过去扒开被敌机炸塌的洞口，只见小孙子因惊吓手脚乱蹬，手脚磨得鲜血淋漓，肚子胀鼓，已哭不出声。回家后没几天，惊吓过度的孩子就没了。那几年，姜明真先后养大了四个八路军子女，而她自己的六个孩子却因战乱、饥荒和疏于照顾夭折了四个。

孩子是母亲的心头肉，哪有妈妈不疼儿？可接过八路军送养的孩子，胶东乳娘们把他们看得比自己的孩子金贵。为什么？乳娘宫云英这样回答：“这不算什么，我们给的不过是奶水，孩子的爸妈为老百姓打鬼子献出的却是血水！”

在乳娘和乡亲们的精心呵护下，历经多次日军“扫荡”和迁徙，一千二百二十三名八路军后代无一伤亡。而在乳儿眼中，乳娘就是自己的妈妈。1941 年 6 月，聂凤智的儿子聂庆荣出生在东夼村。孩子刚满月，聂凤智要率领抗大分校转移，只能将孩子托付给乳娘尹德芝。直到孩子四岁，才被接回家。聂庆荣与乳娘一家结下深厚感情，后来聂庆荣成长为共和国的将军，依然时常想起和尹德芝妈妈在一起的时光。

阿姨照料：珍贵的童年回忆

从姜明真家出来，向南不到五十米，笔者来到修复的胶东育儿所幼儿生活室，对门就是伙房。在那个山河破碎的年代，这里仿佛是一片与世隔绝的桃花源。看着地上摆放的一张张木质的小板凳、墙上挂着的一幅幅当年的老照片，笔者仿佛看到了当年阿姨们忙碌的身影，听到了小朋友们的欢声笑语。如家一般温暖的育儿所，深深镌刻于当年的那些小朋友的脑海中，七十多年过去了，这里依然是他们的精神故乡。育儿所生活的场景在笔者连日的采访中被不同的人反复提到，他们的回忆一点点填满了这个小小的院落。

“弟弟疲倦了，要睡觉，妈妈坐在摇篮边，把摇篮摇……”当年在育儿所生活过的乳儿宋玉芳今年已经七十岁了，我们去青岛拜访她时，她给我们哼唱起阿姨当年教给她的摇篮曲。宋玉芳回忆起在育儿所的生活时，提到这样一件事：“有一次，我们正在院子里玩，一架飞机飞过育儿所上空，育儿所的阿姨像母鸡保护小鸡一样把身边的孩子扑倒在身下，并对着远处的孩子声嘶力竭地呼唤：‘趴下，不许动！’”

在烟台，乳儿李丽慧一边翻着她多年来搜集的有关育儿所的资料，一边回忆：“那是我一生中最幸福的时光了，阿姨们教我们唱儿歌，定期给我们洗头、洗澡、剪指甲……”

“1946 年 7 月 4 日，我加入了中国共产党，那是我在育儿所工作的第二年。”已年近九十的保育员姜淑敏颤巍巍地拿出了一张老照片，指给笔者看，“这是我们当时工作人员的合影，瞧，我在这里。当时我们都说：‘宁可自己牺牲，也要保住孩子，孩子在人在，人在孩子在！咱不能辜负了八路军对咱的信任！’”

张世山和曲芝敏夫妇是当年育儿所的医护人员，老两口在笔者面前聊起了以前的老同事和小朋友。年纪大了，有些往事曲芝敏已经不太记得了，唯一有印象的是，当时生活条件差，工作人员的食物、生活用品都很紧张，但孩子们的一日三餐都是有保障的，上午还有一顿水果或者其他的零食。衣服也有专人做。张世山握着笔者的手嘱咐着：“再过几年，经历过这些事情的老人就要慢慢走了，所以希望这段历史要早些被挖掘、宣传。”

在离开胶东育儿所的路上，笔者遇到了老人杨宗民，听说我们的来意后，他激动地说：“我的名字有故事。我母亲王桂芝也是一名乳娘，哺乳过一名叫小军的乳儿。我出生时，小军已被接回父母身边了，母亲便给我取小名连军，大名宗民，就是要告诉后人，‘人民群众与军队心连心，军民永远是一家人’。”

就在离胶东育儿所旧址不远的地方，是马石山十勇士纪念馆，里面讲述了另外一段历史：为掩护被日军包围的两千多名群众转移，十名战士与数十倍于己的日伪军进行了几个小时的惨烈搏斗。最后，为了掩护群众，战士们将日军引上马石山，最后全部壮烈牺牲。军爱民，民拥军，军民舍命互助，这就是我们这支军队不可战胜的法宝。

（本文选自《中国国防报》）

八路军俘获日军运粮船队

文／周　冰

闻名于世的大运河，是我国南北漕运的要道，自古以来有着“运粮河”之称。1937年日本侵略军入侵中国后，利用这条便捷的运输线，把从中国南方掠夺来的粮食、棉花、丝绸、油料以及各种物资，源源不断地漕运到天津，然后装船运往日本，又把各种武器弹药由天津经运河运往南方各地，用于屠杀中国人民。山东省夏津县横跨运河两岸的东、西渡口驿，是南北漕运的必经之地。夏津鲁西支队配合八路军主力部队，充分利用这一有利地形，多次俘获日军运输船队，并给日伪军以沉重打击。其中，又以1940年9月俘获敌运粮船队战斗最具传奇色彩。

1940年9月，八路军冀南军区第七旅第十九团接到内线情报：日军从临清一带，集结了二十只大木船，满载粮食、棉花、食油、花生和其他物资，运往天津，再由天津装船运往日本及南洋各地。狡猾的敌人原定9月16日出发，因怕消息泄露，中途遭伏击，遂将启运日期提前了十天，改为9月6日起航。十九团领导决定组织部队，在鲁西中队和地方武装配合下进行拦截，决不让日军把从中国人民手中掠夺的这批财物运出国门。为此，中共地方党组织积极配合这次行动，他们通知沿河群众，两岸一百米内的高秆农作物延缓收割，以“青纱帐”为掩护，得到群众的大力支持。

9月5日午夜，各部队按照战斗部署，提前到渡口驿一带集结，埋伏在运河两岸的“青纱帐”里。当时的判断是：日军可能趁夜深人静时偷偷起运，但等到天亮还不见踪影。这时，十九团派往临清方向的侦察员前来报告：狡猾的日军原定6日晚7时开船，又怕晚上不安全，突然改为早7时开船。按照里程和速度计算，6日下午才能到达渡口驿一带。战士们当即抓紧时间休息，吃过午饭后做好一切战斗准备，静候船队到来。

午后3时40分，日军船队进入八路军的伏击圈，船队前有小汽艇开道，船头

京杭大运河

架着两挺机枪，后面每只木船上都有四名日本士兵押船，二十只大木船连接起来足有半里地长，船上满载货物，吃水很深，航行起来非常吃力。因为以前多次中过八路军的埋伏，敌人在运河两岸还增派了两百余名日伪军组成的护船队，端着枪沿运河大堤徒步前进。

当敌人完全进入埋伏圈后，八路军十九团、鲁西中队和民兵从“青纱帐”中火力齐发，打得日伪军前拥后挤，乱作一团。日军指挥官见状，不得不命令护船队边打边向河滩后退，向船队聚拢。八路军第十九团三营九连在连长岳子俊的率领下首先冲上运河大堤，居高临下，机枪、步枪一齐射击，手榴弹炸得日伪军鬼哭狼嚎。敌船队陷在八路军布下的口袋阵里无法航行，在原地打转。经过一小时的战斗，八路军包围圈越来越小，日伪军成了瓮中之鳖，难以逃脱。一百多名伪军士兵缴械投降，负隅顽抗的日军大部被击毙，向运河东岸拼命突围的五十多名日本士兵也在冲出一百五十多米后被包围消灭。随后，县抗日政府组织了三百辆大车，抢运木船上的物资，附近村庄的群众争先恐后地赶来帮助抢运装车，军民团结，协同作战，奋战整整一夜，将日军二十只木船上的物资及时运往了抗日根据地。

（本文发表于2016年1月21日，选自《人民政协报》）

住在我家的八路军

文／孙文华

从抗日战争到解放战争，像那时候的很多普通农家一样，我们一家人没少跟部队打交道。军爱民，民拥军，军民之间的鱼水深情，让人终生难忘。

先说几件抗战期间的事。我的家乡邱家庄在福山城南七八公里处，抗战末期属于解放区。那时我也就七八岁吧，记得我们家驻有八路军武工队——乡亲们称为区队。每次安排驻军，我爷爷和我婆（方言，指祖母）就立马把厢房拾掇出来，铺上麦秸草。如果是冬天，还会把炕烧热了，等"亲人"来住。战士们来了，把背包一放，马上扫院子、挑水，俨然是一家人。

我家和我四爷家住合院，都有伙房，和军队在一口锅里做饭，通常是让部队先做饭。两位炊事员都姓郭——老老郭和老郭，都是黄务南车门村人。老老郭和我爷爷岁数差不多，五十岁左右，老郭四十多岁，我统统管他们叫郭爷爷。当时部队的主要伙食是苞米面片片，他们烀片片的技术可真是一绝，八寸长、四寸宽、三寸厚的大片片沿着锅排一圈，添不多的水，绝不煳锅。有时郭爷爷掰一块给我，吃起来面又暄又甜、又香又脆。部队大约一星期改善一回生活。买点肉，杀几只鸡，做熟了，定会送几块给我八十多岁的老爷爷（方言，指曾祖父）吃。

妇女为子弟兵赶做军鞋

战士们离开前，会把屋子和院子打扫干净，把水缸挑满水，这已成为惯例。我老爷爷多次捋着胡子夸：“我活了这么大岁数，经历过晚清、民国，从来没见过这么好的队伍。”

解放军执行“三大纪律八项注意”，他们在驻地为农民打扫卫生

那时妇救会的一项重要任务就是发动会员赶做军鞋。我妈妈当时二十多岁，正当年。每次听到下来任务，总是争先恐后地到妇救会主任那里领出青白细布（其他材料自备），接着拆旧衣、打糨子、抹褙子，然后照鞋样剪褙子。为了耐穿，要剪七八层厚，每层都衍上白布边，俗称千层底。还要做底壳（绱鞋用）。绱鞋是展现手艺的工序：帮底必须对中，针脚要密致均匀。为了赶任务，我母亲还经常挑灯夜战。她做的鞋总能提前交货，质量上乘，屡受好评。

有一回，我住在楚塘村（该村西面背靠神山，东面面向夹河）的姥娘（方言，指外婆）家。一天中午，一家人正在睡午觉，忽然枪声大作，杀声震天。一会儿，枪声停了，村里人都出门观望。只见疃头的东沟全是麦子，有脚脖子深。听大人说，是福山城里的日伪军到村里抢八路军的粮库，还胁迫城里的老百姓推着小车装着麻袋为其运粮。哪知八路军主力恰似神兵天降，从神山杀出。敌人不敢恋战，丢下粮食，跨过夹河，向县城方向仓皇逃窜，夹河滩上倒着几具敌人的尸体。村民得知后，男女老少自发从家里拿出簸箕、扫帚、袋子等，把麦子装好，全部交到了粮库。

到了1948年秋天，为准备解放烟台，我们村驻扎了一个营的解放军。待命期间，部队除了练兵，还帮老百姓干农活。一天吃过午饭，爷爷叫我领着四位解放军叔叔上唐家顶锄果园。唐家顶是村西的群山之一，近二百米高，山势较陡峭，我家的果园接近山顶。四位解放军叔叔扛着锄头和我一路翻山越岭，抵达果园时，全都气喘吁吁、汗流浃背。果园里，成熟的果子挂满枝头，果香四溢。我赶忙捡了些落地果，叫叔叔们吃，歇歇再干。可我好说歹说，他们每人只吃了一个苹果，就挥动锄头，热火朝天地干起来了。战士们大多农民出身，使起锄头来，深浅均匀、密致，棵草不漏，还随手把杂草拾掇干净，一看就是些行家里手。一亩果园，不到半晌就全部锄完了。

当时的拥军任务之一是推磨。我爷爷把麦子（每户五六十斤）领回家，就该我妈和我姑姑上阵了。先在大盆里盛上水，倒进麦子，用笊篱搅动，捞洗干净，晾晒干。然后，姑嫂二人将麦子倒到磨顶，支上磨棍就上磨了。一上磨足有一百六七十斤重，十岁的我也上前帮把手，因为我个头矮，只能双手端擎着磨棍向前推。在磨道里走上一天，算起有几十里的路程，大家都感到腰酸背痛，尤其母亲是“苞米骨子脚”（缠足又放开），更觉吃力。但是看到劳动成果，想到为拥军尽了力，一天的劳累就抛到九霄云外了。

（本文发表于2014年7月29日，选自《烟台晚报》）

我家的八路军军锅

文／李炳珍

我的父亲叫李凤仪，是武乡县砖壁村的一位地地道道的老农民。1966年农历腊月，他走到了六十九岁生命的尽头。他生前，曾多次给我讲起我家八路军军锅的故事。虽然他去世已四十多年了，但我对我家八路军军锅的故事仍记忆犹新。

1943年，全国抗日战争即将进入反攻阶段，但盘踞在武乡县蟠龙镇据点的日伪军仍十分嚣张，四处“扫荡”，残害百姓。我太行军区为了尽快拔掉这个据点，向武东根据地军民下达了围剿蟠龙之敌的战斗命令。

9月中旬的一天上午，八路军三八五旅七六九团转战进驻砖壁村，村民们听说村里又来了八路军，大家想到一定是为咱老百姓来打蟠龙镇的日军的，部分群众陆续从野外逃难的窑洞返回村里。七六九团团部驻在村民李贵方家，军队灶房设在旧楼院，我家住着三营钟营长和他的警卫员。我父亲一进大门，在院内站着的钟营长马上迎上来，握住我父亲的手微笑着说：“大叔，我们打扰你了。”我父亲很激动，紧紧握住钟营长的手连声说：“不打扰，不打扰，这里是咱们抗日根据地，欢迎你们来。”钟营长三十来岁，陕西人，宽盘大脸，身体魁梧，虽军衣已旧，但衣着整洁，说话随和，毫无架子。进屋后，父亲看见钟营长和警卫员的铺盖堆放在西房的土炕上，很不忍心，他急忙上楼拿来两张苇席给他们铺上。晚上，又送去一盏油灯。

第二天早上，钟营长有点肚子痛。上午，部队一个姓郭的司务长来看他，那时我父亲正在院内劈柴。郭司务长临走时，看见我家北

八路军使用过的行军锅

屋墙根放着块旧牌匾，对我父亲说：“大叔，我们灶房想借用一下你家那块木板，行吗？”父亲应声：“可以，你拿去用吧。”他扛在肩上走了。

当天晚上，郭司务长扛着木板，背上背着一口军锅的一个五十多岁的老兵跟在他身后，一前一后走进我家院子里。郭司务长压低声音，悄悄对我父亲讲：“大叔，你可不要对别人讲，今晚部队要轻装转移，所以我把木板给你送回来了。”他指着炊事员背的军锅说：“这口军锅锅底透了点，虽然不能做饭但无大碍，我们没有时间修理，先寄存在你家，过几天我们还要来拿。”炊事员接着说，“这口军锅跟着我们到过井冈山、延安，我背了它十多年，今天我真舍不得把它丢下。”父亲想八路军冒着生命危险为老百姓打鬼子，我也应该为八路军办点好事。面对恶劣的形势，父亲义不容辞且愉快地接受了这个任务。两人临走时握住我父亲的手再三嘱咐：“拜托你了。”

他俩走后，军队连夜转移，父亲意识到形势的紧张便更加警惕。事不宜迟，必须马上把军锅藏好。他手提灯笼，背了军锅上了我家楼上。他把原来囤谷糠的席囤拿来，把军锅圈在中间，里边装满谷糠，伪装得严严实实，生怕被敌人发现。在非常恶劣的形势下为八路军保存军锅，充分体现了老区人民对革命事业的忠诚，对八路军的真情。可是父亲等呀等呀，等到中华人民共和国成立后也一直没有人来拿锅。

1966 年，一批批全国各地的青年涌向王家峪八路军总部旧址参观，接受革命传统教育。砖壁村村民闻讯后，心中感到不是滋味，砖壁村和王家峪都是八路军总部旧址，同样是国务院公布的全国第一批重点文物保护单位，尤其是砖壁村八路军总司令部进驻最早，驻扎时间最长（四进四出），对抗击日军侵略，开辟华北抗日根据地贡献最大，但王家峪游人如潮红红火火，砖壁村却冷冷清清。这样的反差，村民们议论纷纷。村党支部书记王致祥召集村民开会，尊重客观历史，决定创建“八路军总司令部砖壁村纪念馆”，自打自唱，对外宣传，大力弘扬八路军十四年抗战的丰功伟绩，同时号召村民捐献八路军遗物。在这种情况下，我将我家珍藏了二十三年的弥足珍贵的国家一级文物——八路军军锅捐给了“八路军总司令部砖壁纪念馆”。开馆展出四十六年来，已有上百万游人参观。它记录了十四年抗战的烽火岁月，是八路军十四年抗战的历史铁证，也是对革命后代和青少年进行爱国主义教育和革命传统教育的真实实物教材。

（本文选自政协武乡县委员会网）

东粮西送

文／邢如明

1948年3月上旬，李家庄编村接到区里的紧急通知：我人民解放军攻克临汾战役已打响。根据上级部署，武乡县人民的任务是组成支前送粮队，把武乡西部地区的公粮送往设在沁源县郭道镇的军粮转运站，再由沁源人民送往临汾前线。编村的任务是，到四区管辖的上司村公粮仓库装粮，经沁县送到目的地。望严密组织，加强领导，胜利完成任务。

村公所接到通知后，立即召开三个自然村的干部会议，传达了区里的通知，要求召开群众大会，进行思想动员，组成以民兵为主力，自卫队也上阵的支前送粮队，尽快启程，投入战斗。会后，各村召开群众大会，传达通知精神，要求大家积极报名。群众一听是支援解放临汾，都表示“自从支援了上党战役，至今已有三年没有支前，我们早就心动手痒想支前哩，这次非去不可，为解放临汾出把力”。于是争先报名。就这样，我们李家庄自然村组成了一支四十五人的支前送粮队。我们五个十六七岁的毛头小孩，经再三要求也被批准前往。因路途遥远，需翻山越岭，村公所决定领队人由财粮主任和治安主任担当。财粮主任负责办理军粮交接手续，治安主任负责运粮途中人身安全和粮食安全。会后，支前队员们回家准备送粮工具、路上吃的干粮和零花钱。

第二天早起吃了饭，送粮队员们便肩扛送粮工具及干粮到村西口集合，人到齐后整队出发，财粮主任在前，治安主任在后，大家向西而行。出了下王堡，爬山上了凤台坪，接着下山，经温家沟、马村、峪口来到了大路，往东走到了长乐村的漳河岸边，选择过河线路。这时，河里的冰已经融开，水流湍急。我们选了河面较宽、流水较浅的地段过河。大家脱了鞋袜，挽起裤子，手拉手地从两尺多深的河水中蹚过去，不大一会就到了对岸。队员们怕在路上找不到水喝，就在河边喝漳河水。喝完水就向南爬山过岭，经庙岭、蝉窑等村，天黑到了行道岭。经和村干部联

系，得到该村大力支持，给我们安排了三间空房住宿。

次日天亮，继续赶路，经小店、下司村到了上司村。经打听，公粮仓库在天主堂。我们来到天主堂，领队人带上介绍信去上司村公所联系装粮之事，其余人都在欣赏天主堂的西洋建筑。过了一阵，村干部来了，给我们打开粮仓，我们依次进去装粮。进去一看，啊！好大的仓库，一排排存粮的大席囤里装着冒尖的小麦、小米、豆类等，储备极为充足。我们装的是小米，担多担少，量力而行。我们几个小后生，因是第一次支前，不敢多装，每人担五十斤。身强力壮的民兵都是八十斤，还有少数担九十斤，人人争当支前模范。领队人除带好队外，他们也担运军粮。

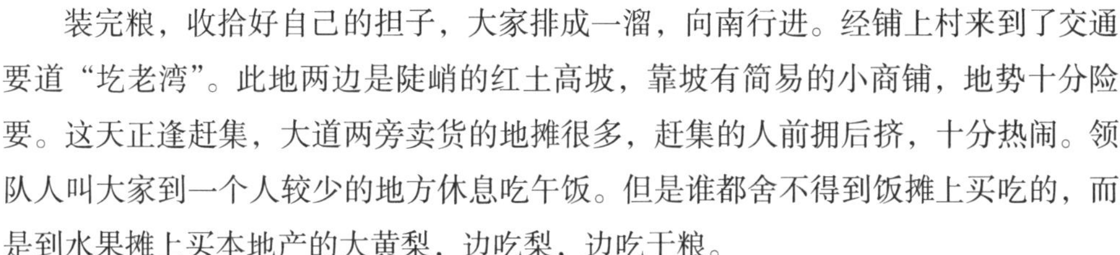

装完粮，收拾好自己的担子，大家排成一溜，向南行进。经铺上村来到了交通要道“圪老湾”。此地两边是陡峭的红土高坡，靠坡有简易的小商铺，地势十分险要。这天正逢赶集，大道两旁卖货的地摊很多，赶集的人前拥后挤，十分热闹。领队人叫大家到一个人较少的地方休息吃午饭。但是谁都舍不得到饭摊上买吃的，而是到水果摊上买本地产的大黄梨，边吃梨，边吃干粮。

吃完饭向南前行，走了一段路程，领队人叫大家往西边的一条小路上走。走了一阵，来到一个山顶，治安主任就叫我们原地休息。我们极目张望，只见山峦重叠，沟壑纵横，梯田层层，道路曲折。这时，治安主任介绍说，这座山就是盛产“沁州黄”小米的檀山。之后，他讲了在送粮途中的注意事项：一是要明确你肩上的担子责任重大，你所担的粮食是子弟兵消灭敌人的口粮，意义重大，要倍加爱护，做到万无一失。二是下山路比较难走，行走时担子务必保持平衡，放慢速度，踩稳脚步，一步一步地移动，确保人和粮食安全，严防发生事故。三是搞好团结，互相关照，不准掉队。四是天黑住宿时，做到人和粮在一起，不得人粮分离，以防丢失。治安主任讲完要求后，我们开始下山，每个人都以高度的责任心对待所担的军粮。经一个多小时的慢行，终于下山了。我们开始沿着一条狭长的深沟往西行走。当夜幕降临时，我们来到了一个叫“狼卧沟”的小村。经和村干部联系，他们提供了三间空房让我们过夜。房东还给我们烧了几锅开水让大家喝。由于粮食担子和人必须在一起，大家只能是背靠背地睡觉。

第三天早起上路，走了两个多小时，来到了沁县县城。从武乡、襄垣、沁县来的支前送粮队汇集于此，人流滚滚，浩浩荡荡，人欢马叫，一片沸腾，呈现出一派前方打胜仗、后方支援忙的景象，真是令人振奋、激动。我们几个小伙子，由于初次送粮，担了一天担子肩膀红肿了，两条腿沉重不听使唤，腰也有些疼。还有五个五十多岁的长者也感到体力不支。沁县县城离沁源县的郭道镇还有七十五公里，而且山大沟深，道路难行，所以我们这几个人就发了愁。财粮主任怕我们影响送粮速度，就劝我们花些钱把所担的粮包给承揽送粮的人。我们十个人同意了，把承揽人叫过来，付好了运费，办了交接手续。财粮主任把接运人姓名、住址登记后，编入我村的送粮队，他们融入送粮大军后便分秒必争地向西而去。我们向东而返，当天夜里住在故县西关，第四天回到家里。

这次送粮虽未坚持到底，但深深体验到没有顽强的斗志和吃苦耐劳的拼搏精神是完不成支前任务的。同时也学到了一些送粮的技巧，为当年7月支援晋中战役，往故城镇军粮转运站送粮打下了基础。

（本文选自政协武乡县委员会网）

杨植霖带领的八路军部队在我家住了十多天

文/高交其

高交其，内蒙古人。1938年八路军大青山支队成立后，杨植霖所带领的蒙汉抗日游击队曾驻扎在这里，并在他们家中生活了十多天。此后，大青山支队的八路军部队多次来到这里，当时刚刚十岁出头的高交其圆满完成了三次向野马图村秘密送情报的任务。

杨植霖

1938年秋，当时我才九岁。一天，村里突然来了一支三十多人的队伍。而当时，整个村里总共只有十多户人家，五十多人。我家在山头，地势最高，比较适合隐蔽，所以一部分人就住在了我们家腾出的正房里。其中有一个人个子比较高，给我的印象很深刻，像个领导，后来才知道他就是杨植霖。他们在我家共住了十多天，这是他们第一次来到我家，也是时间最长的一次。

到了1939年冬，八路军大青山支队绥西部队撤离巴总窑一带，后来那里就被李海龙的部队占领。当时，李海龙是地方民团团董，总团驻在耳沁窑乡，同时官地和巴总窑各驻扎一支队伍。大概是1940年2月和9月，八路军大青山支队两次攻打巴总窑李海龙部。我记得很清楚，一天下午，攻打巴总窑的部队先来到距巴总窑五公里远的野马图村，之后又再次来到了与野马图村仅一山之隔的可可沟村。到了黑夜，部队先派了村民陈二河、刘河柱到巴总窑打探情况。当夜，就开始了进攻。

战斗持续了几个小时后，被围困在巴总窑的李海龙部假装缴枪投降。就在这个时候，四个八路军的班长在进入房内收枪时突然被击倒，后半夜，这四人被抬到了我们家。简单包扎后，天刚刚亮，又被其他人用门板抬走了，但后来听说，走到一公里外的北流图村时，被李海龙的人追上杀死了。再后来，也经常有八路军的部队住到我家，每次只有短短的两三天时间。而这期间，他们还先后三次让我为驻守在野马图村的部队送情报。一是我当时已经懂事了，再一个原因就是我家在那里有亲戚。我也全部圆满地完成了任务。

（本文选自《包头晚报》）

朱德水：新四军曾住我家

文／曹 漫 温法仁

朱德水，祖籍诸暨，久居杭州，酷爱钱币收藏和写作，家里收藏的各类纸币多达两千张，其中也包含江南抗币。他还出版了若干关于纸币收藏、研究的书。他清瘦修长，精神矍铄，用他的话来讲，“除了眼睛不好，其他都挺好的”。

“不要怕，我们是新四军”

1945年3月，朱德水在当时的孝丰县（今安吉县孝丰镇）邮局工作。一天早上他开大门时被吓了一跳，竟有两位军人靠睡在门框两边。被他开门声惊醒后的军人站起来说：“不要怕，我们是新四军，从长兴开过来已是半夜了，不便惊动你们，就都在门外休息。”他向门外看了一下孝丰南门外大街，两边果然都是穿着青灰色服装的军人。

当时，正好朱德水家的厢房空着，就让两位新四军住进来，还拆了大门板做床铺板。当时朱德水的母亲疑惑地问：“大门拆了，晚上怎么办？”“有我们在，贼骨头进不来。”一句话说得大家都笑了。

新四军部队纪律严明，战士吃饭之前都要唱《三大纪律八项注意》，他们也是这么做的，“连借东西，他们都是站在门外问，并不走进来”。朱老印象颇深，新四军的战士们还围坐在一起学习、看书，有的还坐在地上缝缝补补。而曾经驻扎这里的国民党军队，他们除了打牌赌博，买东西还经常少付钱，老百姓只能忍气吞声。

朱老还记得，有一次他在县城南门口看到新四军师长粟裕和王必成一行来慰问部队。当时，粟裕被欢迎的群众围得严严实实。“他很随和，还下马来跟群众打招呼、握手，穿的衣服也和士兵一样。”

“借的东西都还给你们了吗”

新四军到孝丰，带来许多纸币。一种是江淮银行印的拾圆抗币，背面印有“苏浙”两字，可以在江苏和浙江使用流通。后来苏浙军区成立了江南银行，发行江南银行抗币，有壹圆券、伍圆券两种。另一种是长兴泗安区的临时流通券，面值柒角伍分，是蜡纸油印的，可在泗安流通。

当时江南银行发行的伍圆券

1945 年 10 月，新四军奉中央命令北撤，临行前发出通告，以粮食、布匹等物资进行兑换，收回已发行的货币，保障人民群众的利益。因时间仓促，有少数群众不知情，抗币仍然留在手中。

朱老对新四军北撤时的情形记忆犹新：各个班的战士都在住地门口排好队，班长还到各家各户查问有没有部队借的东西没有还，问清楚后他们才离开。

“江南银行的抗币虽然流通时间不长，但对支援抗日战争，支持当地经济发展，所起的作用不可小视。”朱老感慨。2012 年，他得知长兴县政府建立江南银行纪念馆时，将收藏多年的江南银行壹圆券和泗安区发行的面值柒角伍分的临时流通券捐献给了江南银行纪念馆。

（本文发表于 2015 年 3 月 23 日，选自《浙江老年报》）

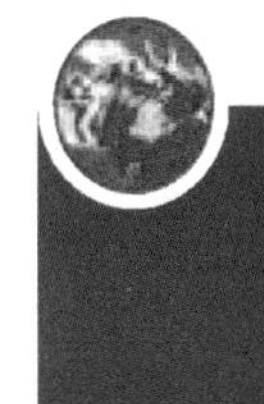

黄梅芬：我家就是新四军浙东纵队的司令部

文／王晨辉

“当年，新四军浙东游击纵队的司令部就设在我家里，一次次重大的作战部署，都是在这里作出的。”站在位于余姚梁弄镇上的老宅旧址前，九十二岁的黄梅芬的思绪一下子飘到了七十多年前。

抗日战争时期，以余姚梁弄为中心的浙东革命根据地是全国十九个抗日根据地之一，也是南方七大游击区之一。2006年，浙东抗日根据地旧址被确定为第六批全国重点文物保护单位。

六百四十三次大小战斗　击毙击伤日军六百一十名

初夏的梁弄镇，风景如画，吸引了很多游客，当年司令部的遗址已经成为一处景点。镇上不少老人一边回忆一边讲述当年经历的情景，故事里还弥漫着硝烟的味道。

虽然梁弄新修了很多房子，但当年的中共浙东区委旧址和新四军浙东游击队司令部旧址都保留了下来，前者还成为浙东革命根据地纪念馆，供游客参观。

当年的浙东抗日根据地位于杭州湾两岸，沪杭甬三角地带，东濒东海，南迄金华、义乌、东阳至宁波公路，西跨浙赣线金萧段两侧，北达黄浦江两岸地区。根据地包括三北、四明、金萧、淞沪四个基本区以及鄞县（今宁波市鄞州区）、奉化、镇海三县东部和定海县的面积两万余平方公里，人口四百万。

1943年4月22日晚，浙东济南队三支队、特务大队、教导大队及姚南办事处所属部队从晓岭出发，分三路突袭梁弄。23日拂晓前，攻克梁弄。不久，浙东区党委和三北游击司令部先后进驻梁弄，从此梁弄成为浙东抗日根据地的指挥中心，同时也是浙江各地党组织联系的中心。

浙东抗日根据地战略地位十分重要，是坚持浙东敌后抗战的坚强堡垒，它直接威胁日伪在沪杭甬的统治，抗击和牵制了沪杭甬地区的日军，也配合了当时英美盟军准备在我国东南沿海登陆对日作战的计划。

浙东新四军取得的战果辉煌，笔者在新四军浙东游击队司令部旧址看到一组数据，从1941年5月到1945年8月，浙东新四军参加大小战斗六百四十三次，击毙击伤日军六百一十人，俘虏日军二十一人。

谭政委当年还来喝我的喜酒

“当年，司令部就设在我家里，谭启龙、何克希看起来都很和善。”九十二岁的黄梅芬一边说，一边领着笔者往新四军浙东游击纵队司令部旧址的大门里走。

七十多年前，黄梅芬才二十岁，印象中，日军来过两次，做了很多坏事，乡亲们对日军都非常痛恨。

“后来，穿着灰军装的新四军来了，我听说他们是打日军的。”黄梅芬说，这些穿灰军装的军人，就是新四军浙东游击纵队的队员，司令部就设在她的娘家。

当时，黄梅芬的娘家是梁弄镇上的大户，家里的房子很大，还有一个很大的院子，类似于四合院。

“这里是司令部，这是我的房间，这是我父母的房间，这里是谭政委的房间……”在旧址，黄梅芬指着一个个房间向笔者介绍，“别看谭政委、何司令这么大的官，人可和气得很，还经常叫我们一起吃饭。”黄梅芬说，1943年底，她出嫁的时候，谭启龙、何克希还去喝了她的喜酒。

谭启龙

在新四军的感召下，黄梅芬也参加了抗日的相关工作，其中最主要的工作是贴标语。“有‘打倒日本帝国主义’‘抗日必胜’等，每次贴的时候，我都有一种强烈的自豪感。”黄梅芬说。

美国飞行员在我家养病住了一个多月

黄梅芬家里还住过一位特殊的客人，他就是美国飞行员托勒特。1945年2月1日，一个高鼻梁、蓝眼睛的美国飞行员住进了黄梅芬家楼下的厢房。

“就是这间。”黄梅芬指着一个分里外两间的房间告诉笔者，那个美国飞行

员托勒特和翻译当时就住在里间。

托勒特是美国阿肯色州人。1944年11月，二十一岁的他自愿报名来华作战，参加了美国驻华第十四航空队，在华作战十三次。

在梁弄养病的托勒特（中）与浙东纵队的领导合影

1945年1月21日，托勒特与同伴驾驶二十六架飞机从江西赣州出发，抵达上海日军机场发动袭击。日本空军纠集九十二架飞机与他们激战，托勒特的战机不幸被敌高射炮击中，油箱起火，他的面部和右手右脚都被灼伤。

托勒特很幸运，他弃机跳伞坠落的地点在上海浦东龙华，恰是新四军的游击区。新四军救下美飞行员后，立即派出精干的武装小分队，将他送到当时四明山根据地的大后方。

托勒特在浙东抗日根据地生活了近三个月，其中有五十多天住在梁弄镇上的黄家，得到了新四军和黄梅芬一家很好的照顾。

当时，黄梅芬的嫂子谷达飞将新婚的被子拿出来给他盖；黄梅芬则把当种子用的一篮子土豆都送给了喜欢吃土豆的托勒特；伙房师傅为他单独开小灶，做土豆炖鸡汤为他补身体；天冷的时候，新四军的勤务人员为他烧火盆；医务人员每天来给他治疗；新四军还从城里花钱买来很多罐头、咖啡、炼乳，给吃不惯米饭的托勒特补充营养。

“托勒特很幽默，我们会做一些简单的交流，我甚至还学了几句英语呢。”黄梅芬笑着说，托勒特还会拿一些糖果给她当时八岁的弟弟吃。

一个多月后，托勒特完全恢复了健康，向新四军首长提出了归队的要求。

“母亲花了两天时间为他赶做了一双布鞋。”黄梅芬说，一开始托勒特不肯收，后来他表示，会把这双鞋带回美国做纪念，永远记住曾经帮助过他的中国人。

在纪念馆里，挂着一张托勒特与谭启龙、何克希、张文碧、刘亨云合影的照片。“就是在这堂前照的。”黄梅芬说。

放牛，只能养活我自己　上前线，能救下千万生命

梁弄成了革命根据地后，当地不少年轻人被感召参了军。如今，镇上还生活着当年的两位老兵，一个叫姚长根，一个叫王小甪，他们都是同一批入伍的。

近日，笔者在梁弄甘宣村见到了姚长根老人。虽然年事已高，但他还对当年的事依稀有些印象：

“我老家在鹿亭乡，不满十岁就被送到梁弄镇钱库岭的舅舅家中寄养，也没读过书，只能帮人放牛。如果梁弄镇不是当时的根据地指挥中心，我可能一辈子都会在放牛。日军欺负我们了，我就不能安心放牛了，打日军就是我的分内事。

“那年，我放下了手中的放牛鞭子，走上了抗日之路。当时有人对我说：‘放牛，也许只能养活你一个人，上前线杀鬼子，能救下的是千万条生命。’就是这句话鼓舞了我参军。

“参军后，我很光荣地成为当时驻扎在梁弄镇的新四军浙东游击‘三五支队’的一名侦察兵，后来又北上去了很多地方。

“我参加的‘三五支队’，有着辉煌的历史，从中共浙东区委成立到抗日战争胜利后奉命北撤的短短三年中，取得了反‘清乡’、反‘扫荡’、反‘蚕食’斗争的重大胜利，1944 年 11 月曾受到党中央、毛主席的通电嘉奖。

“时间过去太久了，很多事情已经忘得差不多了，虽然我没有可歌可泣的战功，但是那段参加抗日的历史，是我一生中最光荣的经历。

“如今，我们拥有的和平与安宁，正是当年的抛头颅、洒热血换来的，希望大家能珍惜。”

（本文发表于 2015 年 6 月 8 日，选自《今日早报》）

守护无名抗日烈士七十一年
普通农家感天动地

文/金　凤

清明家祭　默默守护无名烈士七十一年

2016年3月31日清晨5时许，南京溧水区白马镇大塘村村民张家胜家的灯光便亮了起来。简单吃过早饭，七十五岁的张家胜便提着一把镰刀和两大袋纸钱，走进家对面的小树林里。

小树林中，是张家的祖坟。但长眠在这里的，却不只是张家的先人。一棵松树前有两个相距约两米的土丘。张家胜掏出纸钱点燃说："我又来看你们了。"

土丘里埋葬的两个人，张家胜既熟悉又陌生。他视他们为英雄，陪伴他们七十一年，替他们寻根七十一年，只为一个小小的心愿——他们姓甚名谁，是哪里人。

面对同行的南京民间抗日战争博物馆馆长吴先斌和笔者，张家胜的思绪回到了那个战火纷飞的年代。"1945年8月中旬，日军打到张家岗，新四军三次冲锋都没有冲上去，最后两个新四军'首长'受了重伤被士兵抬到我家里，可惜后来都没能救回来。旁边还埋着好几个士兵。"

张家胜

张家胜和父亲在他们坟前种了八棵松树以铭记英雄。从此，每年的清明节和除夕，张家胜都会为他们烧纸钱，并填上一抔新土。

血染张家岗　1945年，两位新四军军官埋进张家祖坟

张家胜生于1941年，在他四岁的时候，离家不远的张家岗地区，发生了一场激战。“你们看，那里有个小土包，我爸爸告诉我，那个军官就是在那里被打伤的。”站在曾祖母的坟前，张家胜指给笔者看。

呈现在笔者眼前的，是一片凹地。凹地的最西边有一道小土岗，一块小高地上有一棵树。从这里再往西走，便是张家岗。

“听父母讲，1945年8月中旬，苏浙的新四军急行军到这里，与日军相遇，正面交火。”一直想揭开抗日英烈身世之谜的张家胜，拿出几页已经泛黄的纸，上面详细记录了他的父亲张太芝和母亲口述的那段往事。

“新四军到我家前后不到一天。当时老房子旁有一处草棚，被临时用作指挥所。”小时候的张家胜常听父亲讲，当时日军占了地形和武器弹药的优势，新四军数次冲锋攻不下。

平房所在位置就是当年战斗的临时指挥所

“我爸爸和几个乡亲是被叫来抬伤兵的。一位军官见久攻不下就恼火了，命令号兵再次吹响冲锋号，但被对方的重机枪打倒，子弹打得土渣直飞。爸爸和乡亲们冒死爬过去，拖着他们的手往后方转送。”

几十分钟后，村民把受伤的军官和士兵背到张家胜家旁的临时指挥所。一位军官左耳被打掉，眼睛开始流黑水，满脸、满嘴都是血块。“他要水喝，但妈妈把开水送过来的时候，他已经没气了。”

就在这样来来回回不断营救伤员时，张太芝突然被一个士兵喊下，要他们赶快过去再背另一个军官。几个人赶快爬过去，几分钟后，便把军官背到张家的临时指挥所。

“他左眼中了枪，血顺着腰往下流，妈妈赶紧帮助他按住伤口止血。他颤抖着对妈妈说：‘老乡，看来我是活不了了。如果我们的队伍以后能打过来，一定会报答你们的。我们是新四军。你快去把那个同志的腿放好……’说着就断气了。两个士兵跑过来看到这一幕，放声大哭。”张家胜说。

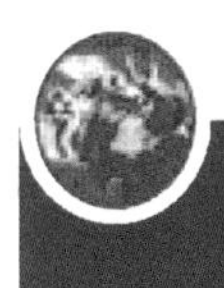

临别重托　“如果打不回来，过年过节就烧些纸钱给他们”

战斗一直打到傍晚，双方枪声才停止，大家纷纷开始抬死伤的士兵。“有一个兵叫我爸妈把两位军官身上、脸上的血擦干净，又送来两块红布，盖在两位军官身上，并叫我们立即找两口棺材。”

硝烟四起的战场，到哪里去找现成的棺材？张家胜说，当时，他的爷爷张永茂就答应把自己的棺材给其中一位军官，又让他父亲张太芝再去买一口。随后，张太芝和其他村民，把两位新四军军官埋在他家南面的战壕沟埂上，也就是现在的小树林里。

在两位军官的棺材旁，还埋有几个士兵。“西田冲里的士兵来不及埋，就堆在一起，用几床毯子盖上。”

暮色渐沉，过了一会儿，又来了几名士兵，一再嘱托张家胜的父母：“老乡，我们是新四军。请你们把我们写的东西放好，里面有欠条，千万放好，不能随便给人看，更不能乱讲，要保密，否则会伤害你们全家人的生命。我们一定会打回江南，来找你们，还钱和物，如果打不回来，过年过节就烧些纸钱给他们……”

张家胜说，当时，几名新四军还给了他们一袋大麦、一袋棉花，又打了张欠条，将几张纸币塞在里面。一切办好后，士兵们又都到坟前行礼，最后在暮色中离开了。张家胜的妈妈赶紧将这张欠条和纸笔收进一个布包里存好。

血泪代价　新四军走后，张家遭伪军报复

掩埋新四军遗体的消息，很快给张家带来了灾难。张家胜说，新四军离开后的第三天下午，一个伪军军官带来几个兵，将他父亲张太芝倒着吊起来，问新四军跟他们讲了些什么，给了多少钱，埋的是什么人，给了些什么东西……

张太芝回答，只给了棺材，其他没有什么。这招致了敌人的毒打。张家胜说：“两个乡丁用皮带打个不停，妈妈跪下来求情。后来多亏有人讲情才放下。一个穿黑衣裳的人说：‘通新四军，当心你的小命。明天把新四军给你的钱物全部交出来，不然我们会找你的。’”

张太芝被逼无奈，当夜逃走了。张家胜的妈妈从此以泪洗面，眼睛也是那时候哭坏的。而张家胜的爷爷也在中华人民共和国成立初期去世了。

“中华人民共和国成立后，我们不吭声，就盼着这支人马来。我们明里暗里打听着，但杳无音信。”更遗憾的是，1958 年张家全家人离开了现在的家。等他们再回来的时候，家里的草房子已经倒塌，那个存放新四军欠条的布包也烂了，只剩下几张模糊的纸币。

新四军给张家留下的纸币

在张家胜家中，笔者看到了这几张纸币，面值有壹圆和伍圆。面值伍圆的那张，由江淮银行发行，背面有“中华苏维埃共和国国家银行”的字样和列宁头像。面值壹圆的由华中银行发行。

多年寻根　父子二人四处奔波寻访，希望确认烈士身世

这两位烈士究竟是谁，一个大大的心结从此盘桓在张太芝、张家胜父子心中。“我爸爸活着的时候，经常去找当时一起抬新四军伤员的乡亲，但没有一个人知道当时埋的军官和士兵叫什么名字。”

现年七十九岁的村民孙岳兴，1959 年从武进来到白马镇，曾在白马中学工作。他教过张家胜，常去张家走访，张家墓地里埋葬新四军的故事，他已经听了五十多年。“前些年，每到清明节，白马镇中心小学的学生都会去扫墓。”那时，张太芝和村民润忠成轮番做讲解员，给孩子们讲那段壮怀激烈的故事。1985 年，张太芝去世了。

读完初一就辍学的张家胜，做过村大队会计，在村里的职业中学教过三年书，也做过赤脚医生。从 1979 年开始，他便外出打听张家岗战斗的线索。“一听说哪里有新四军的老战士和打过游击的老干部，我就去找。”张家胜说。

不过，张家胜一直没有收获。“他们共同的回答是，当时打的仗太多，官兵牺牲也多，实在记不清了。”三十多年来，张家胜为新四军烈士寻根的足迹，从省内的镇江、淮安、南京，一直到江西、湖北、湖南等地。

他曾去沭阳找过两个新四军老战士，一个八十八岁，一个九十一岁，找到他们时，一个中风了，一个说不出话了。还有人跟他说，淮安有个陈姓新四军老战士，

张家胜整理了张家岗战斗的大量资料

结果他辗转到那里，才知道老战士已经过世了。

张家胜的寻人方法基本是老战士之间的回忆和互相介绍，农闲时，他还曾跟着货车去过湖北孝感和湖南。

张家胜一面四处打听，一面也不放弃对见证者回忆的打捞。2013 年 6 月 30 日，参与救护新四军官兵的邻居润忠成病重，张家胜跑到白马医院去作了一份记录，患肺气肿的润忠成口述，他笔录。四天后，润忠成病故。

张家胜的记录也不是照单全收。“有个人讲的和其他几个人回忆的都不一样，我判断是假的，他当时应该不在阵地上。”他在口述笔记中，在一个人的名字后面，用红笔标注“虚假”两个字。

历史回响　张家岗战斗中有两位烈士，埋葬何处不明

笔者查询史料发现，因张家岗战斗战术运用巧妙，被中国人民解放军第二十四军收入《战例选编》，且多处历史资料里均有这一战记录，两位烈士的姓名多有提及。

《溧水抗日斗争史》中记载，1945 年 8 月 14 日，句容县日军两个中队，纠集伪军共一千四百余人，分左右两路侵入溧阳、溧水抗日根据地，进行骚扰并抢粮。

15 日凌晨 4 时，苏浙军区第一纵队第一支队（原十六旅四十八团）一连在张家岗村与日伪军遭遇。一支队主力向敌后迂回，切断了敌人的退路，将日伪军截成南北两股分割包围。

其中北股日伪军被围困在白马桥南毛笪里以北地区，南股日军一个中队、伪军一个连则被围困在张家岗村。

完成包围后，一支队先集中兵力，消灭了毛笪里以北地区的日伪军。南股日伪军龟缩在张家岗村的高屋内，占据有利地形负隅顽抗。新四军屡攻不克，等到深夜，日伪军悄悄离开张家岗村时，被设伏部队歼灭。

最终，新四军以伤亡数十人的代价，漂亮地打赢了溧水地区抗日战争的最后一战。共歼灭日军三十余人、伪军六百余人，俘虏三百五十余人，缴获机枪十一挺、长短枪三百多支及其他军用物资。

而在这场战斗中，苏浙军区第一纵队第一支队特务营营长庄子中、特务营教导员须壮等壮烈牺牲。

而在溧水1985年出版的《溧水古今》中，庄子中的战友、时任十六旅四十八团一营一连指导员的顾肇基在回忆文章中，也记录下庄子中和须壮牺牲的经历。“庄子中同志与须壮同志带着部队占据村子东南侧的一个岗子，岗子上有个坟包，当他和须壮用坟包做掩护，观察敌人动态时，不幸被敌弹射中而同时牺牲。”

那么，长眠在张家胜祖坟的，会是庄子中和须壮烈士吗？

呼吁报料　急寻张家岗战斗知情人

1984年后，张家胜因为身体原因，就没再继续工作过。“大队照顾我，我吃了四年的‘扶贫’，后来又得了血液病，都是政府照顾我”。如今，张家胜靠着微薄的城乡居民社会养老保险基础养老金和给女儿的个体诊所看门过活。

2014年，他突发脑梗死一度病重，而家里的一儿两女也早已离开老屋各自居住，眼看着昔日抗日英烈的坟快塌平了，他悲从中来。

“我母亲九十岁寿辰的时候，还叫我找他们的下落。我要完成我母亲、父亲和我爷爷交给我的任务。人讲话要算数，当年的新四军一再嘱咐我们要照顾好他们，我们要兑现这个承诺。他们当年命都不要了，牺牲在这里，我一定要找到他们。如果找不到，我的任务就没有完成啊。”说到这里，张家胜眼中溢满泪水，他掏出一根烟，默默点上，“不说了，不说了”。

张家胜说，绝望的时候，他甚至会在清明给烈士扫墓时跟他们念叨：“我也没有什么能力，你们哪怕给我托个梦让我找到你们啊，我就想知道你们姓什么叫什么，是哪人。”

2014年的那场大病，让张家胜更加力不从心。他通过《现代快报》呼吁，如果有1945年8月在溧水回峰山张家岗附近参加战斗的新四军老战士，请一定与他联系。“如果有，我一定要去问问他。”

不过，他也做了最坏的打算：“我要求不高，实在不行，希望能把他们弄到安全的地方去，把他们送到纪念塔去，或者给他们弄个坟，总算是对他们有所交代。”

（本文发表于2016年4月5日，选自《现代快报》，原标题为“守护无名抗日烈士七十一年　南京一普通农家感天动地”，有删节）

商丘人民淮海战役支前纪略

文／马国福

陈毅元帅曾赞叹："淮海战役的胜利，是人民群众用小车推出来的。"为了保证几十万大军粮食和军用物资的供应，需要有交通运输、伤员治疗以及后方安全等保障。为了支援淮海战役，豫鲁苏人民掀起了一场轰轰烈烈的支前运动：

支前大军

五百四十三万民工组成的支前大军共出动八十八万辆小推车、三十万五千副担架，运送军需物资，抢救伤员，留下了一个个可歌可泣的故事。粟裕曾说，淮海战役的胜利呀，是靠了人民支援前线。商丘作为淮海战役总前委所在地，支前情况如何？据统计，淮海战役中，商丘共支援粮食一亿两千两百万斤、柴草三亿八千六百万斤、军鞋六十四万一千双，还有布匹、白菜、粉条、花生、食油、食盐、电线杆、门板等众多物资。当时的商丘农村，老百姓掀起了碾米、磨面、做军鞋的热潮，一首歌谣就是生动的写照："夜已深，人不静，家家户户闪着灯；妇女灯下做棉衣，千针万线不放松；男人碾米又磨面，杀猪宰羊不消停；手起泡不觉痛，脚冻麻不知冷；十冬腊月天地冻，天寒心里热腾腾；为打胜仗人人忙，前后拧成一股绳……"

裴桥会议　解决大军军需的动员会

在永城市西南二十多公里处，有一个集镇叫裴桥。1948 年 11 月 3 日上午，一行人从裴桥西北方向走来，他们就是邓小平、陈毅、张际春、陈赓等中原野战军（简称"中野"）首长以及警卫人员。接着，他们在这里召开了著名的裴桥会议，为淮海战役六十万大军的后勤保障奠定了基础。六十一年后，2009 年 12 月 20 日上午，我和有关人员专程赶往这里采访。

“由于淮海战役投入兵力多，战役时间长，战勤任务非常繁重。”一路上，商丘市委党史研究室副研究员谢胜利动情地讲着当年那震撼人心的往事，“豫皖苏是战役的主战场，因此，陈毅、邓小平在柘城按中央军委的指示部署支前工作，要求豫皖苏中央分局组织建立各级支前司令部。”

豫皖苏军区战勤司令部奉命建立了豫皖苏区支前司令部。同时决定在商丘设立总兵站，负责向前方运送冀鲁豫各区的支前物资。豫皖苏区下属各区县也都迅速成立了支前机构。

“在这种情况下，召开一个部署协调会议至关紧要，裴桥会议适时召开了。”商丘市委党史研究室一科科长张艳梅说。

1948 年 11 月 3 日，为侦察商丘以东地形和部署战勤工作，陈毅、邓小平率中野前方指挥部部分成员骑马赶往中共豫皖苏第三地委驻地——永城市裴桥集。4 日，他们召集三地委、三分区、三专署的主要负责人开会，传达了中央关于举行淮海战役的作战方针，具体研究部署发动人民群众支前，地方部队参战，建立永城兵站等事宜。

邓小平在传达毛泽东和中央军委关于举行淮海战役的指示时强调：“这次战役规模大、时间长，需要耗费的物资多，地委、专署和军分区要不惜倾家荡产，组织人力、物力支援前线！”陈毅司令员接着说：“淮海战役这个仗是要打的，而且会越打越大。你们地委、专署和分区所在的这个地区，对整个作战来说是很重要的。仗打起来，会在这个地区投入千军万马，后勤补给、兵站工作十分重要。兵马未动，粮草先行嘛！”

裴桥会议结束三天后，淮海战役打响。

支前掀起了又一轮高潮

淮海战场上，敌人的兵力逐渐减少，而我军的兵力却越来越多。参战的地方部队、被俘虏后参加解放军的国民党士兵、起义的国民党部队，加入我军编制后，我军不断壮大。1948 年 12 月 16 日，我军决定休整时，华东野战军、中原野战军两大野战军保守估计有四十万人。四十万人的后勤补给是个压倒一切的大问题。中央军委指示淮海战役总前委：用一切办法克服困难，增加给养。粟裕随即召开了由华东、华中、中原和冀鲁豫四个根据地的首长参加的会议，重点研究解决粮食供应问题，并对战区粮食供应形成了一个“五统一”标准：粮票统一，粮食折合率统一，支拨手续统一，运输能力统一，新区就地借粮政策统一。

随之，支前掀起了又一轮高潮。

淮海战役在徐州周边地区进行时，江苏、山东人民踊跃支前，为我军取得战役胜利作出了重大贡献。淮海战役移师陈官庄地区后，商丘随之成为支援前方的最重要地区。刚刚解放不久的商丘人民，在中国共产党的领导下，掀起了支援前线的高潮，小车推、牲口驮、担架抬，豫东平原上出现了一支支援前线的“人民军队”。

商丘建立支前总兵站

“早在1948年10月19日，中原野战军就研究了淮海战役中部队的补充和后勤供应问题，并派中野军政处处长杨国宇负责陇海沿线一带的支前工作。”商丘市睢阳区委党史研究室主任刘承元说。11月6日商丘解放后，杨国宇决定在离前沿阵地不远的商丘设立兵站。11月21日，杨国宇派一连警卫战士押运一列军车到达商丘火车站，随即在火车站挂出“中国人民解放军商丘兵站”的牌子，并架起电台，将打通陇海线、运来首批弹药和在商丘设立兵站的消息，报告给前方首长刘伯承、陈毅、邓小平和后方首长邓子恢、李达等人。

得知商丘已设立兵站的消息后，刘、陈、邓马上回电杨国宇：要在商丘建立总兵站，今后不只是中原军区的军需物资，就是冀鲁豫、晋察冀解放区的军需物资，也都要运送到商丘储备，然后再转到各前沿阵地。为了加强通信联系，中原军区还特别在商丘至永城之间架设了电话线，并决定中原野战军的运输汽车分驻商丘、永城两地，由总兵站指挥。华北局也调派两个汽车团，冀鲁豫军区调派马车、牛车到商丘，统归商丘总兵站指挥。

总兵站通过陇海铁路、商曹公路等接收从华北、西北等地运来的大批弹药、衣物、布匹、粮食。当时虽然交通工具不发达，但人民支前的热情非常高，支前民工靠肩扛、牲口驮、小车推，把大批大批的物资运到商丘。据当时任豫皖苏边区一地委、一分区支前司令员的夏仲远回忆，有一次，一队民工从大后方运来了粮食，到了总兵站，刚放下车子，好多人就昏了过去，他们是饿昏的！他们虽然运送的是粮食，但在途中，自己带的干粮吃完了，宁愿饿肚子，也不肯动一粒军粮。

周边各解放区的支援，使商丘总兵站迅速集中了大量物资，总兵站内出现了一座座“小山”：炮弹山、炸药山、粮食山、布匹山、服装山、军鞋山……

商丘人民踊跃支前

“由于这次战役的区域广，只靠火车、汽车运送不能满足前方的需求。”张艳梅介绍说，“当时的商丘地委就号召各县出民工。号召一发出，数以万计的民工迅速聚集到总兵站。这些民工不顾风雪、路艰和敌人的飞机扫射，采取肩扛、牲口驮、小车推等方式，日夜往前线运送物资。在豫东平原上，商丘支前民工像一股股洪流涌向前线，与几十万参战部队会合在一起，打不断、炸不开，形成一片壮观的人民

战争海洋。”接着，她向笔者详细讲述了当时商丘的支前情况。

保证战争给养：淮海战役庞大的后勤供给完全由华北、中原各解放区人民支撑，商丘人民对此作出了巨大贡献。尤其是处于战场中心的豫皖苏三分区军民柴草用尽，树木砍完，为了保障部队烧柴或做掩体的需要，人民群众不惜卸门板、扒房子。

组织庞大的运输队伍：淮海战役运输任务的繁重程度是始料不及的，加上隆冬季节，雨雪偏多，道路泥泞，还有飞机轰炸，这些更增加了运输的艰难。商丘陇海路南北的解放区人民克服种种困难，形成了一条条斩不断的“钢铁”运输线，共出动一百一十六万八千名以运输和担架民工为主的支前人员，以及各种车子八百六十七万辆，动用牲口二十六万三千头，把数亿斤的粮食和各种战勤物资运到前线。他们付出了很大的代价和牺牲。正是这些支前民工无私无畏、不怕牺牲的奋勇精神，才有力保障了战役的胜利。

组建担架队，抢送转运伤病员：淮海战役在歼灭大量敌人的同时，也有十三万人的伤亡。商丘人民组织了浩荡的担架大军，出动担架六万副。这些担架分为“火线担架”“二线担架”“三线担架”，进行了军事编组。他们穿梭在战场的前方和后方，形成了一支强大的战役后援力量。

修路护路，保证交通通信畅通：经过多年战争，商丘的铁路、公路和通信设备大都遭到不同程度的破坏。为了使支前物资及时送到前线，让通信畅通，修路、架线的民工豪迈地提出：战场转到哪里，运输线和电话线就拉到哪里。商丘车站、电信局等单位圆满完成任务，多次受到中原军区的嘉奖。

地方武装积极配合主力部队作战：豫皖苏一、三分区和冀鲁豫军区地方武装、民兵在战役期间迟滞敌人东调，解放夏邑，堵截杜聿明，追歼孙元良，围歼抓捕零散残敌，阻击李延年、刘汝明兵团，配合陈官庄围歼战，胜利完成了淮海战役的各项战斗任务。

此外，商丘为战役进行了大量的扩军补兵工作，是输送兵力的主要基地之一，商丘境内还设置了许多的兵站、转运站、食宿站、茶水站等。中野后方医院在商丘设立了许多伤员救护治疗所，人民群众不仅让出自己的房屋做医院，还组织大量的人力像对待亲人般看护伤员。

日落西山红霞飞

“如今，六十一年过去了，当年参加支前的民工们，年长的已经去世，年轻的也已是耄耋老人。每一个支前老民工的背后，都有一段感人的故事。”谢胜利说，“当年，豫鲁苏皖人民提出‘一切为了支援前线’‘倾家荡产、支援前方’的口号。

各地涌现出许多父子争着上前线、妻子送丈夫去前方的动人场面。妇女们为了不让子弟兵受冻，不分昼夜地缝制棉衣、棉被，甚至把自己的棉衣、棉被拆了给子弟兵做衣做鞋。”接着，他向我们讲述了一个非常感人的故事。

淮海战役期间，永城市演集镇汤梁庄的汤继祥婚后第五天就主动报名支前，和村里十位年龄差不多大的小伙子到安徽省濉溪县南坪集支前。当时，妻子拉住他的手：“村里还有很多人，就你积极！刚结婚，你就不能在家多待两天？”汤继祥劝道：“解放军拼死拼活地为老百姓打国民党，打地主恶霸，连命都丢掉了，你说咱能安心在家过日子吗？分开几天又算得了什么？等全国解放了，天天都能过上好日子。”一连四十七天，汤继祥把蜜月丢在了战火纷飞的支前路上……如今已经八十多岁的他，尽管生活非常艰苦，但他从不向组织伸手……

张震将军曾在1998年动情地回忆了永城人民的支前情况：“大军云集，物资一时供应不上，很多物资要在当地筹集……永城人民真正做到了‘倾家荡产、全力以赴支前’。米面粮草自不用说，单是为了修筑前线工事、为给战士们烤火取暖，就把所有的门板送上前线，把所有的树木锯掉送到前线……树都锯光了，就拆家具、拆房子……战役过后，几乎是家无余粮，村无树木，房无上盖，十室九空，但他们没有丝毫怨悔之意，有的只是战役的胜利给他们带来的喜悦。”

其实，不仅永城的支前如火如荼，整个商丘市乃至豫皖苏、冀鲁豫等根据地都是如此。听着他们的感人事迹，我的眼眶湿润了。此时此刻，我才真正理解了“人民，只有人民，才是推动历史的真正动力”这句话的含义。

（本文发表于2010年1月13日，选自《河南法制报》）

新四军救了我父亲的命

文／杨有广

我的故乡樊川，是江苏省扬州市江都区北部的一个大集镇。河道纵横，港汊密布，古名又称樊汊。

这里有三洋河与淤溪河（盐邵河的分支），呈“┴”形穿镇而过。昔日，两岸商铺林立，河上有数十座木桥、竹桥、砖桥、石拱桥横跨，临水边一般都建有廊坊或店房，颇有些浙江绍兴和江苏昆山周庄那样灵动鲜活的水乡小镇的韵味。

樊川地处苏北里下河地区腹部，交通便捷，通江达海，距离扬州、泰州、高邮、兴化皆是“六十里的水路”。

樊川是里下河地区农副产品的主要集散地之一。物产丰富，民风淳朴，生意好做，钱好赚，因此曾吸引大批来自无锡、镇江、句容、江宁以及扬州、泰州、盐城、阜宁一带的巨商大贾来这里开店经商或办厂（发电厂、机械厂、油米厂），就连扬州评话大师王少堂与康重华也曾移居在樊川献艺多年，一度繁华，曾有“小小樊汊赛扬州”的美誉。

同时，樊川又是顽伪匪与人民争夺的一块重要的地盘，拉锯战不断，战火不熄，人民饱受苦难。尤其是这里的千古遗迹（数十处唐建寺院庵观、石拱桥，以及建于明清时代的园林楼堂馆所）等遭到了战火毁坏，荡然无存，成为樊川人民的一大憾事。

1944 年 10 月 19 日早晨，江都独立团、新七纵队和兴化独立团一个连，向据守在樊川的伪军据点发起了猛烈的进攻，并很快攻克了伪军的八座碉堡和一个营房。但伪军固守待援，激战了三昼夜，樊川未能全部攻下。22 日，又有日伪军三百余人从小纪镇赶来增援。

说来，这一仗打得也算是有些新鲜。就是双方在交火一阵子后，我军在阵地上高唱起《叫老乡》的歌曲。现在我已记不清全部歌词了。只记得有这样几句："叫老乡乡，劝你想一想啊，赶快地想一想，你家也有妻子儿女、兄弟姐妹和爹娘呀，怎忍心替日本鬼子当炮灰呀，我的老乡乡。"敌方阵地上的伪军听了还热烈鼓掌，高喊："唱得好，再来一个！"我军真的又唱了一遍，接着是交火、唱歌……

后来，人们闲谈时还常谈起此事。有人不解地说："打仗就打仗呗，还有兴致唱歌，真可算是千古未闻的稀奇事。"也有的文化人解答道："楚汉相争时，张良吹箫，不是吹散了楚霸王项羽的八千子弟兵吗，这算什么千古未闻的稀奇事啊。"其实，这是我军在阵地上向日伪军发起的强大政治宣传攻势，教育伪军不要跟在日军屁股后面干坏事，早日回到人民这边来。

我的家就处在火线前沿阵地上。家门前是一条南北向、不足十米宽的小河。小河向南连着三洋河，对岸南侧百米处有日伪军的一座大碉堡，碉堡上架着几挺机枪。小河向北不到二百米流向一个称为"板桥塘"的大汪塘（有足球场大的水面），连着盐邵河，通往兴化、东台、盐城、阜宁、滨海、连云港一带，我家这边由我军控制。

这天，我父亲到高邮帮人家办事去了。我们几个孩子由外婆和妈妈护着，大门紧闭，躲在家里不敢吱声，外面的枪炮声震耳欲聋，通红的枪子炮弹火球似的从天窗上空呼啸而过，真够吓人。

"有广妈，有广妈，我在高邮把事办完已回来了！"忽然从对岸传来父亲的喊话声。外婆和妈妈不敢答话，只是将门开了个小缝，只见父亲正站在对岸一个巷子口朝家里喊道："现在镇上大部分都被新四军占领了，伪军和日军快要完蛋了！现在街上蛮安全的，已有几户店家开门做生意了，街上走的人很多，还有不少新四军。新四军待人很和气，一点都不狠、不恶，和自家人一样。"外婆听了浑身颤抖，直跺脚说："这喊话声若要被碉堡上的伪军和日军听到就没命了！"这时妈妈急中生智，右手拿了一件弟弟的红布兜子。她把门缝开得稍大了些，往南指了指，向父亲示意叫他要留神那边有炮台，接着又急速地往北挥了又挥，向父亲示意，叫他快离开那里，快向北走。

父亲见家里无人应答，又见妈妈从门缝里向他挥手示意，这才明白了点意思。他又接连喊了两遍，嗓音一声比一声高，尔后才转过身，慢悠悠地向北走去。

"没命了，没命了！"外婆陡然叫了起来。果不出所料，父亲的喊话声被日伪军听到了，这时突然有十多个日伪军手里端着枪从碉堡里冲了出来。妈妈被吓哭了。幸好，日伪军没有一直往前冲，而是先用枪把子敲打紧挨巷口第一家张老汉家的大门，喊道："开门，开门，快开门！"张老汉将门打开，一个伪

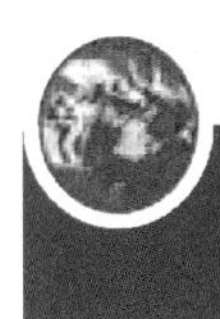

军说：“快把躲在你家的新四军交出来！”老汉莫名其妙，央求道：“我家没有新四军啊！”“胡说！刚才还有新四军站在你家门口喊话的！”随后，一个日军用枪把子把张老汉打倒在地，一招手，十多个日军、伪军一起冲了进去，在张家翻箱倒柜地搜查了一遍，结果连新四军的人影也没搜到，只见有两个日本兵枪上挑着两只老母鸡走了出来。接着，他们一伙又去敲打紧靠在巷子口的第二家、第三家大门，进去搜查了一遍，还是一无所获，这才径直向北追去。

妈妈被吓得说不出话来，她点上了几支香，跪在神柜前不停地祷告。

不一会儿，外婆突然激动地喊了起来：“好了，好了，日军与伪军退回去了！”这时，只见对岸有一个伪兵伤员由两个人搀扶着一瘸一拐地往回走。那个伪兵操着一口盐阜口音边走边哼叫：“哎呀，哎呀，妈呀，我的亲妈呀，新四军的机枪火力厉害啊，险些送了我的小命哇！”就这样，这一伙人一齐龟缩进了碉堡。

原来在日伪军挨户搜查时，给了我父亲一个缓冲的时间，不一会，他已慢慢吞吞地走到了小河与板桥塘的接合处，刚一拐弯，埋伏在塘对岸屋顶上的新四军就向他高声喊道：“老乡，老乡，你身后有日军追来了！你快跑过来，快点跑过来！”我父亲这才恍然大悟，感到情况万分危急，一路狂奔，跑到了安全地带，平安无事。可是，当日伪军追到那里时，刚一拐弯便遭到新四军机枪的一阵扫射，打得他们死的死、伤的伤，慌忙退了回去。

22日，我军参战部队与日伪军展开了激烈的巷战，反复冲杀了一个多小时，终将据守在樊川的日伪军全部歼灭，伪营长李道绪（又称李瘸子）被活捉。傍晚，乡亲们和新四军的指战员们一起扭起了秧歌，欢庆樊川的解放。“秧歌舞呀真漂亮，不分男女老少，大家起来跳一场……”

为了感谢新四军的救命之恩，23日上午，我父母买了鱼肉送到新四军驻地，却被婉言谢绝了。

晚上，我父母又特地在大门口摆下了香案，供上了猪头、鲤鱼，点起了大香大烛。父亲很虔诚地跪在地上朝天空拜了又拜，嘴里不停地念叨：“感谢新四军的救命之恩，求老天爷保佑新四军打胜仗，多打胜仗，常打胜仗！”

中华人民共和国成立后，特别是改革开放以来，樊川在各个方面都取得了长足的发展，发生了天翻地覆的变化，人民过上了幸福的生活。

我父亲在供销社工作，直到退休。2012年4月因病逝世。他临终前，把我们子女和孙辈们一起叫到身边，动情地说：“我，二十九岁那年，多亏新四军救了我的命，我哪能活到九十八岁啊，今天我家是四世同堂，你们一个个都有出息，都是党和国家的干部，生活美满幸福，我死后，你们要好好工作，好好做人，不能犯任何错误，把日子过好！我们要永远感谢共产党，感谢新四军的大恩！”之后，他就泰然安详地走了。

（本文选自《扬州日报》）

郑世亭：我家就是八路军情报站

文／蒋德红

郑世亭，1925 年 1 月 1 日出生，山东日照人，现居吉林省白山市临江市桦树镇西南岔村。日军入侵日照后，八路军在其父郑培运家设立情报联络站。郑世亭从小接受党的先进思想教育，十五岁加入村民兵组织。1944 年 9 月，郑世亭加入日照涛雒区武工队，对日进行游击战、袭扰战，打击日伪军炮楼据点。抗战胜利后，他任第十三纵三十七师师部侦察排副排长。一直在日照、潍坊、烟台、青岛等地参加战斗。在孟良崮战役中，郑世亭作战英勇，曾荣立二等功。1945 年 8 月，郑世亭加入中国共产党，1950 年初带伤复员回乡，1958 年春举家迁到白山生活。

其实，采访抗战老兵郑世亭，是我第二次到桦树镇。上一次，是镇里组织民兵演练，我负责保障工作。那天，在村西口看到一个妇女推着轮椅上的老人散心，有人告诉我，那就是抗战老兵郑世亭。为此，到临江采访抗战老兵时，我就急切地想要采访老兵郑世亭。

午后，我们驱车直接到距离临江市约六十公里的郑世亭家。刚进门，郑世亭的小儿子郑杰告诉我们，老人午睡刚醒，独坐在炕头。

郑世亭与自家毛主席像

一踏进郑老的卧室，映入眼帘的是墙上那张硕大的毛主席挂像。郑杰介绍说，老父亲这辈子最敬仰毛主席，这张相片都挂了十多年了，父亲每天都要端详一番。

老人一言不发，只是静静地看着我给他拍照，听他儿子讲述，继而又看我低头默默地记录。

“今年春季的一天，老人突然言语就少了。除了需要啥说说话，基本是独自在卧室发呆。”郑杰告诉我，以前老人可不是这样，自己小时候就经常听父亲讲当年他打仗的事，后来没事了就和村里的老头们聚在一起喝茶聊天，谈国家发展。

于是，那天的采访，我们只好从郑杰那儿入手。

1925 年 1 月 1 日，郑世亭出生在山东日照。日军侵占日照后，村里就设有民兵组织，负责村民自卫。

“那时，县城驻扎着日军的兵营，隔一段时间就进村‘扫荡’，搜捕八路军、共产党。”郑杰说，听老父亲讲，每次日军进村，都会在村落广场上集合开会，村民一个不落。伪军把村民包围着，日军站在台上讲，汉奸就翻译传话“只要说出八路军（的下落），就奖赏大洋黄金”。可村民没有一个人站出来说话，即使是拿枪指着，他们也不会说。

有一次，日军进村“扫荡”，在一个村民家里搜出了八路军带血的绑带，就集合村民开会，挨个检查村民的腿，让村民交出受伤的八路军。可谁都说不知道，日军拿着枪对着老人孩子，也没有一个人说话，最后日军枪杀了为八路军养伤的那家村民。

“其实，那个受伤的八路军就在村里的一个菜窖里，可就是没人当叛徒。大家都知道即使说出来，也会被日军杀死，那样还会连累更多人。”郑杰说，当时在村里有个情报站，也就是八路军的联络点，就设在他爷爷郑培运家，爷爷还是情报站的负责人，外号郑罗锅。为掩人耳目，以前靠种地为生的郑培运，办起了赌场。偶有汉奸、伪军来赌场消遣，八路军的信息传递就在他们眼皮底下进行。

受父亲郑培运的影响，郑世亭接触了很多先进思想，也看到了日伪军到处烧杀抢掠，伤害老百姓的情形，心生痛恨。十五岁那年，郑世亭加入村民兵组织，经常为八路军送情报，和其他民兵一起抓“舌头”，破坏公路、铁路、电话线，还参加过攻打日伪军炮楼的战斗。

后来，郑世亭知道几位亲人都是八路军，还加入了共产党。那时，郑世亭也迫切地希望自己有一天也能成为他们中的一员，扛枪上战场，与敌人面对面作战。

1944 年 9 月，十九岁的郑世亭穿上军装，加入日照涛雒区武工队，正式成为一名八路军战士。与郑世亭一起入伍的还有同村另外六名同伴。经过短期的训练，郑世亭参加了第一次真正意义上的战斗。

那是攻打潍县的一个日军据点。交战异常激烈，日军的火力非常猛。郑世亭冒着枪林弹雨，对据点发起冲锋，就在爬上城墙时，敌人的子弹从郑世亭的头皮擦过，帽子被打掉了，头顶打出一道沟。郑世亭从城墙上摔了下来，顾不得处理伤口便又发起了冲锋。

“就是那次作战，父亲腰椎受伤。因作战任务重，未能及时疗养，导致现在不能挺起腰来。”郑杰告诉我，那场战斗，和郑世亭一起入伍的四个战友牺牲了。失去了战友，郑世亭对日伪军更加痛恨。

1945 年 6 月的一天，郑世亭所在部队接到攻打日军炮楼的命令。当晚，他们趁着夜色，从炮楼后方偷袭日军。在离炮楼一百米左右的地方隐蔽后，由郑世亭和另外一个战友带着炸药包匍匐至炮楼底下，并拉着了导火索。由于炸药分量太小，加上炮楼是钢筋混凝土结构，这次偷袭未能将其炸毁。第二天深夜，部队准备再次实施偷袭，队伍刚行至离炮楼不远时，因为不知敌人加设了电网，两名战友触电牺牲，还是郑世亭冒着生命危险将战友的尸体拉了回来。

“因为两次偷袭失败，第三次他们选择了强攻。”郑杰说，父亲所在的支队就在当晚强行冲击大门后，以牺牲近半的代价圆满完成了上级交给的任务。

后来，郑世亭一直随队在县城进行游击战、袭扰战，打击日伪军炮楼据点。抗战胜利后，郑世亭被编入第十三纵三十七师师部侦察排，任副排长。一直在日照、潍坊、烟台、青岛等地参加战斗。在孟良崮战役中，郑世亭作战英勇，曾荣立二等功。

1950 年初，郑世亭因伤复员回乡。1958 年春到白山，放弃林业局的工作，自愿到农村种地。

“老父亲一生最敬佩毛主席，坚决维护党的声誉，就连抗战纪念章都一直放在炕头，随时拿出来看看。”郑杰告诉我说，2000 年初的一天，郑世亭和村里的几个老人喝茶聊天，其中一个老人说了一些报怨的话，气得郑世亭当场掀翻了茶桌，指着那人训斥：“没有共产党领导老百姓打天下，你还能活到现在？没有共产党带头牺牲奉献，你还能坐在这儿喝茶聊天？”那位老人被训斥得哑口无言，郑世亭气愤地离开了。

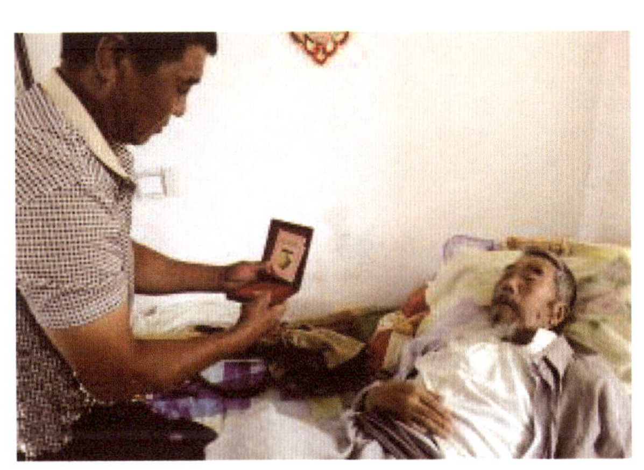
郑杰拿出父亲的军功章

从采访开始，郑世亭老人就一直静静地坐在炕上，默默地听着我们的采访。就在我要合上采访本时，郑世亭清了清嗓子，缓缓地说：“我家当年就是八路军情报站，还是孩子时就经受党的教育，是党带领老百姓翻身做了主人，才有了现在的生活，你们要时刻听党话，跟党走，做好人……”

说完，郑世亭转头静静地望着毛主席挂像，像一座雕塑。

（本文选自中国军网）

大山深处：听那抗战军民鱼水情深的动人故事

文／张泊寒

内蒙古大青山地区，是一片抗战故事的海洋。

在开辟和创建大青山抗日游击根据地、坚持抗日游击战争的过程中，蒙汉各族人民紧密团结在中国共产党的抗日旗帜下，敢于斗争，善于斗争，配合、支持八路军浴血奋战。当地人民有的踊跃参军、奋勇杀敌；有的成为忠实的向导、机警的“耳目”；有的站岗放哨、递送情报；有的担当采购员、运输员；有的支援物资、掩护伤病员，成为大青山支队坚强的后盾和力量的源泉。

让我们走进大青山深处，听那抗战军民鱼水情深的动人故事……

留声机背后的故事

在内蒙古档案馆里，陈列着一部“老掉牙”的苏联产留声机，它已经“失声”。拂去岁月的尘埃，在追忆中，一段军民鱼水情的故事浮现……

在大青山深处，有一条山沟，名曰“井尔沟”。山高沟深，峰峦起伏，地势险要，武川县大青山乡阿路板村就坐落在这个山沟中。六十岁的黄永胜就生活在这个村，留声机是他家寄存在档案馆的。

这部留声机，在当年来说可谓奢侈品，那么它是怎么到了大山深处一个不起眼的农家呢?

“我大（父亲）那时候救过黄厚的命！”黄永胜激动地说起来，“记事的时候，听我大叨唠，（留声机是）黄厚（派人）送来的。”

抗战期间，黄厚曾任大青山骑兵支队二团团长、四支队支队长。

“那会儿黄厚是个团长，骑兵团团长，哪次打仗记不清了，他负伤了，在我家养伤。”黄永胜说，“一天，我大看见日军过来了。哎呀，这不行了，跑吧。”

黄厚将军（左二）与绥蒙抗战时期的老战友

黄永胜的父亲黄福寿，与黄厚年龄相仿，正是年轻力壮之时。

“（黄厚）枪伤在腿上，能骑马但不能蹬马镫，我大（父亲）把他扶到马上。”黄永胜说。

黄福寿牵着马，护送着黄厚，向村子南边的山梁跑去。

但是山路崎岖，马匹难行。

“人家（日军）屁股后面追着。后来没办法，把马撂（扔）了。”黄永胜说，他父亲黄福寿背起黄厚就往山里跑。不知道跑了多远，他们甩掉了日军，住进土左旗一个山沟里的人家。

抗战中的一次救命之恩，黄厚与黄家结下了一辈子的亲情和友情。

黄永胜回忆，当年他父亲“有骡子，跑得可快了”，经常为八路军站岗放哨、通风报信，运送物资。

黄永胜的四爷爷同样支持八路军。“我的四爷爷被日本人打死了。那时候八路军在这个村里，日本人来了，他通风报信。在村子东边，日本人开枪，他的腰部被打穿。”黄永胜说。

黄永胜说他小时候“记住了”黄厚派人送留声机的情景，当时他已经六七岁了。

那是二十世纪五十年代一个冬天的傍晚，在白毛风雪中，“一个当兵的背上来的”。

“当兵的往那儿一放，教我大怎么操作，连口水也不喝，就要走。”黄永胜回忆道，“我大（父亲）说你不能走，东边有个山梁，晚上容易迷路，要是迷路了，就会被冻死。”

在黄福寿的劝阻下，“当兵的”才留宿一夜。

黄福寿播放唱片，惊动了全村人，老老少少都来瞧稀罕。

“老乡们每天来听，冬天也没事，（以后）逢年过节，都围在我家里听。”黄永胜兴奋地说。

黄永胜把留声机放在柜子里珍藏，有人听说后想作为古董购买，他不肯，因为“这是个纪念”……

病危老人献出寿材

在土左旗白石头沟深处，杨家西沟已无人居住。八十三岁的杨子文带领笔者来到杨家西沟，寻找大青山支队政治部主任彭德大的埋葬地。

抗战期间，这里成了大青山地区的“小延安”。

“当年，大官都在杨家西沟，就住在我们家。”提起往事，杨子文按捺不住兴奋。他说的“大官”，是大青山支队首长李井泉、姚喆、彭德大等人。

对于大青山支队选择杨家西沟驻扎的原因，杨子文总结为两点：一是他家粮食充足，不至于挨饿。二是他家就在山坡上，遇到日伪军袭击便于快速转移，“一出（门）就爬山了”。

杨家在杨家西沟有一顷多地，在后山有三顷多，一年有几十担粮的收成。杨子文还记得，每逢过节，他家就会杀羊，过年就会宰牛。

“他们抬（运）不来粮食，就吃咱们的。”杨子文说。

在山坡上，有几块山石，旁边长着三棵蔡树。杨子文说，当年彭德大牺牲后就暂时安葬在这里，中华人民共和国成立后才被解放军移走。

1940 年 3 月 12 日，彭德大外出，在固阳县牺牲。之后没几天，彭德大的遗体被战士们抬回杨家西沟，停放在山坡上。

“我老奶奶的寿材（棺材），松木的，抬上来给彭德大，打落（埋葬）在这儿。”杨子文说，“当时没有墓碑，那会儿谁敢立？堆了一堆石头，谁也不知道这里是彭德大的坟。”

一两个月的时间，杨子文八十五岁重病缠身的老奶奶就去世了，“打一口杨木棺材下葬”。

“这个地方再打个松木棺材费劲了，没有价。”杨子文说。

因为杨家是大青山支队的堡垒户，让日伪军恨之入骨。

在杨子文的记忆里，家里还被大青山支队叛变投降日军的胡定良“请了一回财神”。胡定良从察素齐镇来到杨家西沟，“抢走三匹骡子，还有韩家的一匹马，驮上东西走了”。

“最后人家（胡定良）临走，安顿我爷爷，‘抢人家一匹马子，（你）给人家补上’。”杨子文说，“我家用十五头绵羊、一头毛驴才（给韩家）补上。”

后来，日伪军变本加厉，再不是“请财神”那么简单，而是纵火烧房。

“烧了（房子再）盖起，山林里树多，杨木很粗，砍了盖房。但盖起又给烧了，（房子被）烧了四回。伪军进来，看到就给烧了。”杨子文说。

日子难以为继，杨家生活在水深火热之中。

“（那个年代）不怕？抬住你就抬死了，最怕伪军！”杨子文说。

“半截截房，不能住了。”无奈，杨子文家举家逃到后山去了，直到抗战胜利才敢搬回来住。

王老太太送子参军杀敌

“在抗战中，王家付出了巨大的牺牲，王老太太的故事至今广泛流传……”走进包头市土右旗，许多村民对王老太太的故事耳熟能详。

在大青山地区，蒙汉群众踊跃送子参军杀敌报国，萨县（今土右旗一带）四区河子村王老太太就是一个典型。

王老太太是抗日民主政府萨县县长兼县游击队长王经雨的母亲，名叫乔培玲。

王家是萨县有名的大户。家有三处房产、水田五百亩，车马齐全，牛羊成群，家大业大，生活幸福。王老太太有见识且深明大义，她虽然没有文化，却熟知许多历史故事和人物，深知“国家兴亡，匹夫有责”的道理。1938 年秋，大青山支队在土默川平原发动群众开展抗日活动，爱国青年王经雨参加抗日，并加入中国共产党。王老太太鼓励王经雨：“我不怕你革命抗日，就怕你干一阵子软下来。忠臣不事二主，你跟上共产党、八路军，就要一直走到底，死也不回头！”

王老太太积极支持儿子的革命行动，她自己也参与抗日斗争。

王家成了党政军干部隐蔽活动的堡垒户，王老太太掩护了许多同志，为抗日做了许多有益的工作。

1939 年，王经雨身份暴露，被迫上了大青山。在严酷的环境下，王老太太带领着三个孩子东躲西藏。

王老太太义无反顾地变卖了部分家产，资助八路军和游击队购买枪支弹药。1940 年 2 月，根据大青山支队司令员姚喆的指示，萨县游击队指导员杨思华带领三个班战士，护送王老太太和她大儿子王培玉，孙子王友群、王友众，孙女王友梅上了大青山。从此，王老太太一家八口人有六人参加了游击队。与此同时，王老太太的两个儿媳仍然留在村子里，为抗日斗争充当“耳目”。

称王家为抗日之家，是名副其实的。为了抗日救国，王培玉牺牲在敌人的屠刀

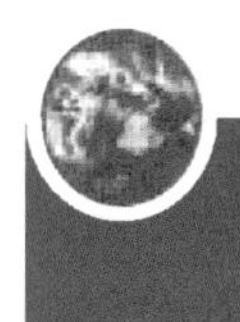

之下。王老太太强忍悲痛，佯装不知，把眼泪咽进了肚子里，生怕影响他人的抗日热情。王家偌大的家业，被日军付之一炬，但王老太太并不为参加抗日工作而后悔。可以说，老人家为抗日毁家纾难，作出了巨大牺牲。

王老太太一家上山抗日的消息，在萨县一带的群众中不胫而走，引起了强烈的反响。

1939 年，美岱召、芦家沟、莨艽梁等村已经组织起几个武装游击小组，游击队员神出鬼没，活跃在各个村庄，宣传抗日救国思想，伺机打击零散的日伪军，深受人民群众的拥护。

从此以后，当地群众以王家为榜样，父母送儿子、妻子送丈夫参军，走上杀敌救国之路。

任凭时光荏苒，但是老区人民为抗日战争作出的贡献，党和政府不会忘记。

（本文选自内蒙古新闻网）

根据地的军民鱼水情

文／马国福

俯瞰历史长河，八十多年前，中共鄂豫陕省委带领红二十五军及鄂豫陕苏区人民群众创建了鄂豫陕革命根据地，之后又西征北上继续长征。对该根据地的评价，《人民日报》曾刊文称：这块根据地在中国革命处于低潮时期“为把中国革命的大本营由南方转移到北方作出了重大贡献”。那么，这块根据地为何在国民党的数次围攻中，仍然能够红旗飘扬，逐渐发展壮大呢？这与红军艰苦斗争和人民群众的拥护是分不开的，可以说，军民鱼水情是保证红旗不倒的主要原因。

红军来了救百姓

“共产党所领导的红二十五军和红七十四师是人民的军队。红军为劳苦大众谋利益，建立人民当家作主的苏维埃政权。因此，人民群众积极响应，全力支持革命事业，根据地的军民鱼水情深随处可见。”卢氏县委党史办主任海江黎兴致勃勃地说，“由红二十五军创建和红七十四师坚持的鄂豫陕根据地的战争历史，也就是人民群众的斗争历史。他们为创建和坚持鄂豫陕根据地，为人民军队的发展与壮大，为中国的革命事业作出了巨大的贡献与牺牲。”

卢氏县的兰草、官坡是红军转战豫陕边的必经之地，也是敌人设卡阻截红军转战豫陕边活动的重要关隘。因此，国民党军队在此屯兵设卡，红军亦把兰草、官坡两个关卡的敌人列为经常打击的重要目标。

在红七十四师酝酿成立之初，豫陕游击师便在官坡多次歼灭反动民团。卢氏县西南山的重镇五里川也是红七十四师游击战争的重要活动范围。1936 年 2 月初，国民党保安团在五里川驻防的兵力有一百三十余人，其工事坚固，防守严密，火力也强。红七十四师决定趁五里川集日时派便衣队奔袭。

五里川镇的一个集日，红军先派两个便衣侦察员化装成卖虎骨的，在街东头联保处门口以摆摊治病为掩护，侦察敌情。日头偏西时，几个团丁产生怀疑，便把

这两个卖虎骨的人叫到联保处盘查。两个便衣侦察员沉着应对，敌人抓不住任何把柄，只好把他们撵走。

几天后，红军很快占领了五里川四周的高地。经过激烈的战斗，红军消灭和俘虏民团九十余人，击溃其在镇外驻防的一个排三十余人。红军还在联保处抓获了恶霸，并打开了联保处和恶霸的仓库，把粮食和财物分给了贫苦农民。之后，红军在南河滩召开了群众大会，发动群众揭发民团罪行，初步弄清了所抓几个人的主要罪行，并把几个反动分子就地处决。大会上，群众一下子认出讲话的两位红军是集市上卖虎骨的。一时间，红军神出鬼没的消息传遍卢氏，广大群众欢欣鼓舞，反动分子则胆战心惊。

1936 年 4 月初，红七十四师出其不意折返豫陕边。此时，官坡的国民党守军还蒙在鼓里，红军决定对官坡进行奇袭。红七十四师师长陈先瑞派王参谋带领一个连红军战士，由先头的一个排化装成卖柴的，远程奔袭官坡。经过一个多小时的激战，红七十四师打垮了镇守官坡的国民党杂牌军和保安团，给主力红军开辟了通道。

“在此前后，红七十四师又打垮了兰草、五里川等地的民团，扩大了红军在卢氏的影响，当地群众无不拍手称快，高兴地唱起了民歌：‘一阵雨，一阵风，云消雾散太阳红，家家户户迎红军，红军来了救百姓。’”海江黎说。

引起党中央关注

红七十四师的活动引起了党中央的关注。1936 年 9 月 23 日，中央军委主席毛泽东、副主席周恩来共同起草给红二方面军政委任弼时、总指挥贺龙、红军总参谋长刘伯承电报：“陕南尚存在三个游击区……其中，豫陕边区包括商州东部商南、卢氏、内乡、淅川各部。”

11 月下旬，红七十四师在豫陕边的罗家湾遭遇敌军，大捷后，红七十四师向卢氏县腹地进军，再歼峦庄、兰草民团一百余人，缴枪七十多支。

国民党卢氏县县长急率保安团在官坡一带设伏堵截。其前哨阵地的山头为卢氏保安团的一个加强连，用的都是俄国造的步枪，火力较强，弹药充分，其占据的山头也十分险要。两军相逢勇者胜。陈先瑞命三营营长李学先带前卫九连正面进攻，手枪团迂回敌后。经过激烈战斗，红军一鼓作气拿下山头，歼敌一百七十余人。不久，红军又在双槐树击溃国民党堵截部队。

在双槐树战斗之时，国民党军队从洛南追赶到了卢氏的大河面，离在双槐树作战的红七十四师仅几十里。红军决定打掉这支跟踪到卢氏的尾巴。于是，陈先瑞率三个连把住山口，政委李隆贵率三个连抄敌后路，其余部队两翼包抄，用口袋战术压敌于两山之中。敌军想不到红军会杀回马枪，惊慌失措，一触即溃，四散逃命。陈先瑞率部一直将溃敌追至官坡庙台。

之后，红七十四师占领朱阳关、五里川、双槐树等镇，恢复了占卢氏区域一半的鄂豫陕根据地东部腹地。

此时，卢氏境内的国民党部队全部龟缩到县城一带。红七十四师乘胜攻占卢氏县城，缴获大批武器弹药。

齐心养护红军伤员

在鄂豫陕苏区艰苦的战争环境中，红军的一个后方医院曾设在卢氏县狮子坪的杨木场一带。这里山大林深，是豫陕边卢氏、商南、洛南三县的接合部，当时属卢氏县双槐树区朱阳关乡管辖。国民党卢氏县政府在狮子坪设了个联保处，平常除了几个保丁，基本没有国民党正规军和保安团。因此，红军便在该处设置秘密后方医院，从1935年秋以后陆续送来几批伤员。这些伤员大部分是在坡上搭窝棚住，坡后面隐蔽处有几个秘密洞口，也是红军伤员藏身的地方，被当地群众称为红军洞。敌人来搜山时，红军伤员便藏在洞里。

当地老人在介绍红七十四师当年在兰草的活动情况

平常，红军伤员住在山上，老百姓给送饭，红军给老百姓掏饭钱。隔一段时间，红军就会派人来看伤员，经常是夜里用马给伤员送东西。村子里的百姓很齐心，异口同声起誓不泄露红军伤员隐藏在此的秘密，全力以赴养护好伤员，因此一直没有走漏风声。

“在鄂豫陕苏区时期，许多卢氏群众前仆后继参加了红军。”海江黎说，“据不完全统计，红二十五军由根据地创立之初的两千五百余人，到离开根据地继续北上时已经发展到四千余人；以三百多名老红军为主组建的红七十四师，到整编为八路军一一五师时增至两千一百余人。鄂豫陕红军共计发展到六千一百余人。加上战争减员，根据地内有五千余人参加红二十五军和红七十四师。其余参加各路游击师、游击大队、赤卫军等地方武装者，高峰时有近万人。瓦窑沟乡小钟山的万怀臣参加红军后，经常随红军主力在瓦窑沟一带开展革命活动。他九次过家门而不入的事迹在当地广为流传。由于残酷的战争环境，多数卢氏儿女都献出了宝贵的生命，至今连姓名和事迹都无人知晓。”

红军在豫陕边的革命斗争，不仅得到了劳苦大众的热情支持，而且也得到了一些进步知识分子和开明绅士的认同与拥护，卢氏县有名的前清秀才曹植甫巧退敌兵的事迹便是其中的典型事迹。

救助红军战士

兰草中学退休教师丁宝玉给笔者讲了个非常感人的故事。他说：“兰草村火炎沟半岩洼的半坡台上有位叫吴运东的老人，他曾给我讲过他家救红军伤员的故事。”

1935 年 6 月的一天，吴运东的奶奶叶占荣到坡下沟渠中打水，发现渠边躺着一位红军战士，身上长满了疥疮，衣服上也沾了好多血，两眼流着泪水。见到叶奶奶就喊：“大娘救救我，救救我，我跑不动了！”沟渠离叶占荣家五十米远，叶奶奶就喊来吴运东的爷爷吴成章下来，把战士扶回家中。之后，采回黄花苗、铁梨广等几种本地的中草药，煎成水给红军战士擦洗。为了安全，第二天吴成章让红军战士住到房后坡上的一个草庵中。那草庵是叶家照看庄稼时用的。以后每天晚上吴成章都用木盆盛药水给他去擦洗一次。七八天后疥疮开始好转，半个月后基本痊愈。

为防万一，他们在草庵内的床下挖了个槽，把他带的长枪用油布包好，放进槽内，上边用土盖好。他原来穿的那身衣服藏入住房隔壁磨坊的磨台底下。叶奶奶又给他做了一身白粗布衣服换上，弄了两个用柳条编的篓子，一头一个口袋各装二十斤盐担上，并拿了一根盘子秤，从兰草河柏树坡将这个战士送走了。此后，再没有听到这位战士的消息。“解放战争时期，吴家还多次救助受伤的解放军，哪一次都是冒着满门抄斩的危险。”丁宝玉语重心长地说，“中国共产党能得天下，靠的是广大老百姓的支持和拥护！”

一个了不起的胜利

1982 年 10 月，陈先瑞在介绍红七十四师在陕南的斗争情况时说：“我军纪律严明，不侵犯和损害群众利益，每到一地都打富济贫，分给群众粮、钱，并积极为群众做好事，解决困难。群众给我们送信、带路，我们都给他们很高的报酬。群众把红军看成是自己的军队，真心实意地帮助我们。在当时无固定后方的情况下，伤病员多是放在群众家里休养。我们到处建立秘密农协小组（两三人不等），负责宣传群众，组织群众，收集情报。我军每到一地，在一两个小时内就可把周围几十里甚至上百里的敌情大体搞清楚。有了广大人民群众的支持，我们如鱼在水，自由自在。”

1936 年 12 月中旬，红七十四师进至蓝田大龙庙，正准备进一步发展有利形势、巩固扩大根据地时，12 月 12 日，西安事变爆发。商洛地区是鄂豫陕革命根据地的中心地带，是西安东南的重要门户，也是国民党亲日派由华中进攻西安的捷径。红七十四师在阻止亲日派进攻，保卫西安，促成西安事变和平解决的重大战略部署中具有至关重要的作用。不久，红七十四师接到中央军委副主席周恩来的信，信中命令红七十四师暂不行动，等待中央派李涛传达有关指示。12 月 20 日，即周恩来到西安的第四天，李涛带领干部十多人，携带电台，从西安出发与驻蓝田县灞龙庙的红七十四师联系。22 日，中共鄂豫陕特委在灞龙庙召开扩大会议，由李涛传达周恩来关于中央指示和西安事变的情况。根据中央军委的指示，鄂豫陕边区成立了军委会，主席郑位三、副主席李涛。24 日，红七十四师改编为南路抗日军（对内仍称红七十四师），军长陈先瑞，辖第四、第五团和独立团、补充团，共一千七百余人，由鄂豫陕边区军政委员会指挥。至此，红七十四师独立坚持在鄂豫陕边界地区的游击战争胜利结束。

对于这一时期红七十四师的游击战争，毛泽东于 1937 年底接见陈先瑞时给予了高度评价。毛泽东说：“你叫陈先瑞，国民党的报纸把你的名字写成‘陈光瑞’，不管是‘先’还是‘光’，反正你在陕南坚持斗争挺有名气，在国民党那里是挂了号的。人家动用几万军队围攻你们，就是没搞倒你们，这说明国民党不行。你的名字，我早就从报纸上知道了，人家还要活捉你，赏一万大洋，你知道吗？一万大洋可不少啊！”接着，毛主席又询问了陈先瑞红二十五军长征中的情况，以及红七十四师在鄂豫陕边坚持斗争的情况，并给予了充分的肯定。毛主席说：“你们在陕南干得好，国民党动用大量军队进攻你们，你们不但没垮，反而发展壮大了。主力红军在西边行动，你们在东边闹华山，配合得好啊！你们保存了两千多人的力量，这是一个了不起的胜利。”

“陈先瑞这位和河南有着不解之缘的将军有着传奇的经历。”海江黎说，“陈先瑞，安徽省金寨县人。1914 年出生，1929 年参加中国工农红军，土地革命战争时期，曾任红二十五军第二二三团政治处主任，中共鄂豫陕省委委员、中共鄂豫陕特委常委、红七十四师师长。抗日战争时期，任八路军第一一五师留守处主任等职。解放战争时期，曾任豫鄂陕军区副司令员兼参谋长、豫鄂陕军区第二纵队司令员，陈谢兵团三十八军副军长等职，率部在豫陕边的卢氏、洛南、灵宝、陕州一带作战和剿匪。中华人民共和国成立后，曾任北京军区政委等职。1955年被授予中将军衔，1995年12月病逝于北京，其部分骨灰于1996年春撒于豫陕边的山川之中。”

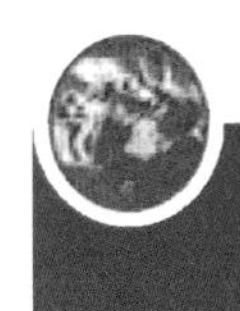

（本文发表于2015年6月24日，选自《河南法制报》）

后方勤支援　军民鱼水情

口述／刘树英

我的老家在山东省沂南县，那可是个革命老区。如今我已八十多岁了，想想那时候还小得很。1945 年 7 月，到了抗日战争的后期。那时我才十几岁，只记得日本兵到村里“扫荡”，一来就要来好几次，而且是拉锯式的。老百姓好不容易饲养大的猪、鸡、羊全部被杀光、抢光，特别是庄稼到了要收成的时候，如果遇到敌人来，就只能眼睁睁地看着快要成熟的庄稼烂在地里。在日军实行“三光”政策的大环境下，我家的房子也被烧过两次，连住的地方都没有，只能到处逃难。隔壁村有小孩刚刚学会走路被日本兵杀死了，有老人逃到池塘边还是难逃被刺死的命运……看到老百姓被日本兵欺负，我作为一个热血沸腾的青年人，心里非常愤恨。特别是我哥哥和弟弟相继参军，让我备受熏陶，想着女孩子也要为抗日做点事情。

就在那一年，我经区组织委员介绍，秘密地加入了中国共产党。当时在屋内宣誓时，大家把门窗都关起来，宣读誓词时，声音放轻，怕被发现。其实，我们一家人都是共产党员，但因为当时特殊的环境，互相都不透露，所以都不知道对方也是党员。那时候我们搞“土改”开会，日军来了就撤，日军撤了就再回来开会。开支部会后，队员们返回都是要人护送的，以免路上发生意外。

在那样艰苦的环境下，地方上青年同志当民兵，壮年上前线打仗，我的哥哥和弟弟参加了八路军。我们革命老区建起了抗联、农救会、妇救会，而我就是妇救会的骨干。我们为八路军做衣服、鞋子，送粮食，支援前方。而村里每户人家也都在我们的发动下做衣服、做军鞋。每个村都有任务，一个村几百双鞋，家家户户晚上都不休息，赶做衣服和鞋子。大家都觉得，这样我们的军队打起仗来精神好。记得日军来“扫荡”，我们组织里的人晚上不敢在家睡觉，都撤出去了，也不敢多带东西，只能到山里面简单地搭个帐篷，带点口粮打发饿得咕噜叫的肚子。即使转移到山里，老百姓也会给我们送东西吃。1945 年，日本投降后，我的主要工作就是发动群众，提高群众觉悟和地主做斗争，进行“土改”，把地主的土地、房子分一部分出来给老百姓。“土改”结束后，成立了合作组，生活就好多了。后来因为工作突出，我到乡里担任了妇女会长。

印象蛮深的就是，当时部队和群众的关系好得很，如鱼水情深。部队的同志受伤后，老百姓都出来接伤员，部队要走了，都出来相送。我们的部队不管到哪，纪律都很好，走的时候房子都打扫得很干净，水缸里的水都是挑满的。这些是优良的传统，我们应当继承下来。

（本文选自浙江在线网）

长征途中的军民鱼水情

文／王　婷

这栋旧木房就是当年红一团团长杨得志、政委黎林、参谋长胡发坚的办公地点

在红军长征途中，各地民众对红军将士的关怀和帮助是抗日战争胜利的基础。这期间，无数或感人或酣畅的故事在革命老区和群众之中流传，在被战争肆虐的中国大地上传颂着军民团结的力量。

雪中送炭，抢渡乌江

在红军转战余庆期间，各地革命政权组织、革命武装组织和革命群团组织，带领和发动群众从各方面支援红军，配合红军作战。1935 年 1 月，在红军抢渡乌江的战斗中，部队聚集江边，无舟无筏，无法渡江，随时有遭受敌机轰炸的危险。军情紧急，“乌江岩门武工队”队长安清和召集家住乌江边的船工、水手、工匠及其他群众，上山伐木砍竹，献出自己家中的门板、箩筐、铁丝、绳索等物资，帮助红军搭浮桥。安清和还带着七名红军战士，一起冒着刺骨的严寒扑进滔滔乌江，泅渡到

北岸，硬是从敌人驻守的北岸，将沉没江底的木船拖起后划过来，往返载送红军。老船工赵子云，在红军几次强行撑筏横渡乌江不成的情况下，亲自为红军撑筏，凭着他几十年摆渡的经验，一举渡江成功。从 1935 年 1 月 1 日，红军分别在袁家渡、梁家渡、回龙渡等各渡河口实施佯攻开始，到 1 月 3 日，红一军团第一师第一团、红二师及红三军团全线突破乌江防线，迅速到达了敖溪、龙家、松烟一带，打开了进军遵义的通道。

三渡赤水，茅台相迎

仁怀县是驰名中外的茅台酒的故乡，有“中国酒都”之称，在这里曾上演了红军长征“四渡赤水”的战斗。1935 年 1 月，红军采取高度灵活的运动战术，向赤水河挺进。3 月 16 日，各路红军先头部队到达茅台镇后，占领两岸阵地，掩护各部红军主力，陆续从茅台镇中渡、下渡、银滩浮桥三渡赤水河。同时，红军在茅台开仓分盐，张贴布告保护茅台酒生产作坊，当地群众捧出茅台酒欢迎红军，红军将士开怀畅饮，并用茅台酒擦洗伤口、止痛、消炎、解乏，暂时解决了当时缺医少药的一大困难。

红军用酒疗伤的雕塑

军爱民，民拥军。陈云在 1935 年将“正确对待群众和得到群众的支持”列为长征取得胜利的三大原因之一。他说：“正是由于我们密切联系群众，所以我们才得到了他们的支持，并得以为红军招募到志愿兵。我们随处可以找到帮助我们搬运辎重的脚夫，到处可以把红军战士安置在老百姓的家中。当我们需要粮食时，老百姓会卖给我们……”

人民群众在物资、人力、兵力、财力上给红军的大力支持，为长征取得胜利创造了必要的条件。中国共产党一直以来主张，人民群众是决定抗战前途命运的根本力量。强大的力量源泉来源于广大人民群众，在长征胜利八十周年的今天，我们更应铭记军民鱼水情，凝聚人民群众力量，为实现中华民族伟大复兴的中国梦不懈奋斗。

（本文选自人民网）

抗联军民鱼水情深

文/中共黑龙江省委党史研究室

东北抗联是中国共产党领导下的人民军队，全心全意为人民群众利益而斗争是部队的宗旨。所以从抗联建立那天起，全体指战员就把密切联系人民群众、深入宣传发动群众、领导动员群众进行抗日斗争作为首要任务。

杨靖宇

把群众视为命根子

杨靖宇把群众视为命根子的故事被抗联史专家赵俊清收录在《杨靖宇传》中，书中写道：1932年，工农反日义勇军，行进到桦甸与永吉交界处，由于种种困难无法东进。一时间，大部分队员情绪低落、悲观、消极，感觉没有出路。在这关键的时刻，杨靖宇来到了队上。

有一次，杨靖宇来到游击队员中问大家："打鬼子靠什么才能胜利？"

一位战士不假思索地回答："枪！"

杨靖宇问周围的战士："大家都说说，除了枪还有什么更重要的？"

战士们你看我，我看你，不知说什么好。

杨靖宇说："打鬼子除了枪，要不要粮食啊？可粮食又从哪里来？"

这时，大家都明白了。一位战士说："省代表，是咱根据地的群众。"

杨靖宇说："对了，是群众，群众是游击队的命根子。游击队比如是鱼，群众就是大江大河里的水，鱼离开水就得死。咱们打鬼子离开群众就不行。"

就这样，在杨靖宇的耐心说服下，大家思想逐渐趋于一致。同志们都同意

返回磐石，在玻璃河套、红石砬子一带建立根据地，深入发动群众，开展游击活动。

三次脱险

抗联战士孙志远讲述了他们在群众的帮助下三次脱险的故事。

他回忆说：1941 年正是抗日战争最艰苦的年代，抗联第三路军九支队根据上级指示，为粉碎日军“净化山区”“并村清野”的“进剿”阴谋，从德都出发，向大兴安岭东麓沿山一带西征。8 月的一天，队伍开到莫力达瓦达斡尔族的郭泥屯时，突然被日军包围。由于敌我力量悬殊，战斗异常残酷。经过一天的激战，到傍晚时，我们三十多人的队伍只剩下十三人（其中八名伤员），终于在血泊中突出重围。

在这次战斗中郭铁坚政委壮烈牺牲了，部队濒临危亡的境地。我带着伤，心想：就是遇到千难万险，也要把这支队伍带出去。8 月的天气又闷又热。我们十三个人十分疲惫，互相搀扶，艰难地前进。走着，走着，忽然发现在路东有两座房子，我们走到前面的那户门前，轻轻叩了几下，好一会儿，才出来一个中年男人。他开门一看，屋外站了十多个人，不知道发生了什么情况，先是一愣，然后神色紧张地问道：“你们这是？”话刚说半截，就想往屋里退。一见这情景，我急忙说：“老乡，不要害怕，我们是抗日联军，是打日军的。”

听我说是抗日联军，这位主人退进门槛里的一条腿又迈了出来，他警觉地往路东亮灯的房子里望了望，连连摆手，示意我们小点声说话。

因为没得到老乡的允许，同志们都站在门外，我先进了屋。一进门，只见外屋地上散放着鸡、猪和其他物品。在住人的里屋，一位白发苍苍的老大娘和一个中年妇女躺在炕里。炕沿边上坐着一个老大爷，在昏暗的油灯下，正用蝇甩子给熟睡的小孩轰赶蚊子。没等我开口说什么，那中年人面带惧怕的神色、很不自然地介绍起来：“我家姓李，我爸爸和我都不识字，日本人过来后，实行联保，非要我当牌长不可。”他还没说完，坐在炕上的老大爷就抢着说：“别看我儿子当大牌长，俺可没当汉奸，这年头日军当道，不干没办法。”说着他深深叹了一口气，“嘿，哪个有良心的中国人对日军不是当面应承，背后糊弄，身在曹营心在汉啊！”我见他们一家有些害怕，便解释说：“老大爷，你们不要害怕，我们抗联战士也都是穷人，鬼子欺得俺们没有活路了，才背井离乡，远出家门和他们干的。我们在这歇一会儿就走，决不连累你们。”

听我这么一说，李大爷点了点头说：“我早听说了，抗联打日军也是为咱穷人呀！”这时，屋子里紧张的气氛逐渐消失了。李牌长主动招呼正站在院子里的同志们，他一面往屋里让，一面和我们唠起来。他说："你们看到路东那个点着灯的屋子没？那就是警察所。这不，我刚刚从那儿开联保会回来。开始我们不知为什么，那个日本指挥官把桌子拍得咚咚直响，气得呱啦呱啦直叫。后来才知道，你们在郭泥屯打死了多个鬼子，说你们剩下的跑出去了，要我们牌甲长向各村通告：谁若是接济或收留抗联的一兵一卒，或者发现抗联知情不报就统统杀头。"

听了李牌长的介绍，我们才知道这里离警察所只有三百多米远，一旦被敌人发现，后果是不堪设想的，李牌长一家也都为我们捏了把汗。

这时，李家那个中年妇女已经为我们做好了饭菜，同志们围着饭桌吃了起来。李大娘看见有几个伤员的伤口仍在出血时，急忙从柜子里找出一卷白布，然后，化了半碗盐水，用棉花蘸着盐水，对伤员说："孩子，快过来，用盐水洗洗。"炮手赵桂林七处受伤，由于失血过多，面色苍白，已经昏迷不醒。她抚摸着赵桂林的头，望着他憔悴的脸，流着眼泪给他包好了伤口。

四更时分，我跟李牌长说："这里不是久留之地，我们十多个人，容易被日军发现，得赶快离开这里。""走？几个伤员怎么办？"李牌长问我。我一时也没了主意。李牌长见我六神无主的样子，大概是猜透了我的心事，便凑到我眼前小声说："指导员，你能信得过我吗？"

"怎么信不过？"

"若是信得过我，就把老赵留下，只要有我们一家人在，就有老赵在。"

"把老赵留下你们咋办？"我激动地说。

"这样吧，趁天还没亮，在我家草垛上面掏个洞，把老赵藏在里面，等日军搜查过后，我们再想别的办法。"

我想事到如今也只能这样了。"那好，天不早了，就麻烦你们抓紧安排吧！"说完我刚要出门，李大爷一把拽住我的衣服说："这地方到处是光秃秃的沙岗子，哪里有你们藏身之地？你们初来乍到，道路也不熟，出去不等于白送死吗？"

"是啊，李大爷，依你说怎么办？"我急切地说。

李大爷沉思一会儿："这么着，安排伤员的事由我来办，让我儿子去给你们带路，这样总比你们自己出去乱闯强啊！"

"那怎么能行？李牌长一走你家该遭殃了！"李大爷听我这么说，摆着手说："别说这些了，时辰不早了，鬼子能把我这把老骨头怎么样？你们尽管走吧！"

李牌长一家的热心帮助，使同志们十分感动。我拉住李大爷的手说："大爷，谢谢你们一家对抗联的支持。不过，为免得日军对你们怀疑，我们走后，你得立即向

敌人报告，就说李牌长被抗联抓走。李牌长给我们带路，不管遇到什么情况，您放心，有我们在，就有李牌长在。”

“他跟你们走，我放心。快走吧！”李大爷边说边送我们出了门。

这一天，在李牌长一家的帮助下，我们躲过了敌人的大搜查。我们告别了李牌长，按他指点的方向抄小路继续前进。月亮爬上了树梢，夜幕低垂，田野里一片宁静。

我带领同志们出了高粱地，往北走去，正走着，一股扑鼻的瓜香随风飘来。我想，有瓜地就有看瓜人，他或许了解这一带敌情。我们走进了瓜地，月光下看见一位五十多岁的老大爷正坐在窝棚里，嘴里自言自语地骂道：“天这么晚了，找魂来啦，还不是又摘瓜！”从他那骂声中听得出，老人是在生气。

我们悄悄地走到老人跟前，小声问：“大爷，您吃晚饭没有？”老人像没听见似的，把头扭向地边，停了一会儿，没好气地说：“白天都叫你们给踏平了，晚上还来找什么？”一听老人对我们误解了，我又往前凑了凑：“大爷，我们是抗日联军。”

“抗日联军？”这位老人只说出四个字，再也没有往下说，接着他对我们上上下下地打量起来。当他看我们一个个衣衫褴褛，谁也没有动手摘瓜时，便问：“白天日军、汉奸在这里闹腾这么紧，你们在哪里藏着来的？难道你们会升天法、入地术？”我一听，扑哧地笑了：“我们都是和您一样的穷苦人，哪里会什么上天入地呢！只不过我们藏得隐蔽罢了，敌人搜查时，我们就藏在警察署北墙根那块高粱地里，越在敌人的眼皮底下，越安全。我们连日本人说话都能听到，可那些笨蛋能想到我们藏在这里吗？”听我这么一说，老人由惊奇到敬佩，由紧张到高兴。“哎呀呀，要不咋说抗联会神机妙算，个个都是诸葛亮呢！”老人说着提起柳条筐往瓜地走去。

见老人去摘瓜，我连忙劝阻说：“老大爷，您种点瓜不容易，我们说啥也不能吃啊！”

老人家有点生气了：“我知道你们抗联有纪律，果园不摘帽，瓜地不提鞋，可今个儿不是到别场啊！我不把你们当外人，你们也别外道。”说到这，老人叹口气，“不瞒你们说，这瓜是老汉我的命根子。全家七张嘴全靠它糊口呢！日军、汉奸从一早就接连不断地轮着班来。他们挑大的吃不算，还用脚专门踩生瓜蛋子，我恨透他们了。他们为非作歹，丧良心，早晚不得好死，遭老天五雷轰！”

老人提来一篮半熟的香瓜，放在我们面前说：“来！解解渴！”说实在的，我们一天没喝水，嗓子干得直冒烟，别说香瓜就是苦瓜也能吃它几个，但一看老人辛辛苦苦种的瓜被鬼子糟蹋成这个样子，谁也不忍心吃。机枪射手秦长胜粗声粗气地说："老大爷，不吃您老人家的瓜了，我们还有饭。"说着掏出一把东西就往嘴里填。老人到跟前闻了闻说："饭馊得都这样了，这哪能吃呢！老伴给我送的几块大饼子，还在小筐里。我心里有股气顶着咽不下去，你们分着吃了吧。"老人的话像一股暖流，顿时涌遍了我的全身。

老人把瓜挨个塞到我们手里，提高声音说："你们不吃，那是看不起我！"见老人诚心诚意，我们只好收下了。大家一面吃瓜，一面听老人说白天发生的情况。原来日军、汉奸队在这里吃瓜时，直嚷嚷，说他们有嫩江来的，有清河来的，还有讷河来的，有好几千人。这一带，凡是庄稼地他们都像篦头发一样篦了一遍。说到这，老人心情沉重地告诉我们："郭泥屯搜得最紧，在那里还抓住三个人。"老人提供的情况，正是我们最需要了解的。听了老人的介绍，心里也有了底数。我一分析，敌人在郭泥屯方圆十五公里搜了一天，明天很可能要往外围发展。于是，我们谢了老人，再次向郭泥屯前进。

第三天，我们转移到郭泥屯北约十几里的一个屯子，我和小队长陈忠领、党员骨干秦长胜碰了头。认为敌人在南线搜不到我们，很可能折回来对郭泥屯以北进行大搜查。同时，日军在各村、镇召开"剿共紧急动员大会"后，在各主要路口设上岗哨，对重点怀疑的人家门口撒上草木灰，限制他们出动，一村发现情况要老百姓鸣锣为号，各村呼应。于是，我们决定隐蔽在村东五六百米处一片不太显眼的蒿柳树丛里。它的东侧是一条道，西侧则是一条几米宽的雨冲沟，沟里水虽不多，但淤泥却有腿肚子深。我们在这里架起机枪，严阵以待，准备与敌人来一场殊死的决战。

果然，天一亮，一阵刺耳的声音由远而近，打破了田野的宁静。我拨开柳丛往西一看，糟糕！屯子西侧的大路上停着十几辆汽车，日军、汉奸正从车上往下跳，汽车后面日军的骑兵黄乎乎的一片，正疏开队形驱马奔向各沙岗路口。不一会儿，看得更清楚了，日军抓来群众，用刺刀逼着他们，排成一字队形。一个手拿指挥刀的日军军官，用刀指着我们的方向，呱啦呱啦地叫起来。搜查的人群向我们这边走来，还没有走近柳丛，伪军就咋呼开了："出来吧，我们早就看见你们了，再不出来老子就开枪了！""缴枪吧！缴枪，皇军大大的有赏啊！"

听到敌人的叫喊声，同志们手扣扳机，牙咬得咯咯响。大家只有一个念头，和日军拼了。秦长胜把机枪调整好，小声骂道："小鬼子真舍得花本钱。来吧，老子等着你们。"我看到大家都憋足了劲，压低声音说："让开群众，没有命令，不准开枪！"

话音刚落，被敌人驱赶搜查我们的群众就上来了，走在最前面的是一个年轻的。他高挽着裤腿出了谷子地，很快就下到水沟里。我们十二双眼睛紧紧盯住他，心在怦怦地跳动。小伙子一蹿抓住沟沿上的蒿柳，恰好露出秦长胜的机枪管。猛见一支枪口正对着他，吓得他两眼发直，愣愣地呆立在那里一动不动。此刻，敌人就在五六十米的地方，只要我的手轻轻一挥，战斗就会立即打响，可这样做正中敌人“要全部消灭九支队”的阴谋。

这时我的视线一下子和这位青年人碰到一起，我低沉而有力地说：“我们是抗联，你要是中国人，帮忙把日军引开。”听了我的话，他才从惊愕中清醒过来，机灵的眼睛一扑闪，装作脚跟没站稳的样子，顺势往沟里一滑，滚进沟里，站起来又用满是泥糊糊的手往脸上一抹，浑身上下简直成了个泥人，随后他转身向搜查的人群大声喊道：“这沟里的泥又深又臭，根本过不去，快绕道走吧。”他喊声一落，便顺水沟往南跑去，人群也跟着他向南去了。

敌人走远了，同志们都用汗淋淋的大手抹一把额头上的汗珠，长舒了一口气。

我的心也和同志们一样，如卸千斤重负，感到一身轻松。此时此刻，我不禁回想到郭泥屯突围后的这三天。在这三天里，李牌长一家、看瓜老人和刚才引走敌人的小伙子，他们舍生忘死地掩护和帮助我们，使我们躲开敌人的一次次搜查，多么好的群众啊！有他们真心实意的支持，就一定能打败日本侵略者。

张大嫂援助抗联

东北抗联的斗争得到了人民的拥护。尽管有的群众对抗联部队的性质并不了解，可是一旦知道是抗日的队伍，是专打日军的，加上抗联队伍对人民群众十分关切，还有严明的纪律，很快就会被群众所理解，并不顾个人安危去支援抗联。抗联战士宋殿选常常讲起在西征途中极端困难的情况下，绥棱县的张大嫂（徐秀）和儿子张景福、张景禄援助抗联的那段往事。

他回忆说：1938 年 6 月，奉上级西征命令，我们抗联九军第二师第五团在师长郭铁坚同志的率领下从依兰的西风沟出发，奔赴依兰县和方正县交界的沙河子，渡过了松花江。

过江后，我们连夜向通河小古洞沟急行军，天亮之前到达了小古洞沟鹰窝。这时三军政保师师长常有钧率领的部队来到这里与我们会师了。我们在这里驻扎了一周：一则准备给养；二则进行西征的思想动员。

听了动员，全体指战员备受鼓舞，决心排除万难，完成党交给的西征任务，不达目的不罢休。筹备给养和动员工作完毕后，我们这批二百多人的队伍经耳朵眼向海伦方向前进。

西征的路途是十分艰苦的，为了避开敌人耳目，我们只能沿着山边，走崎岖的山路，有时在一片荆棘中踏出一条路，真是苦不堪言。我们把枪里的子弹压在枪膛里，随时准备对付敌人的围追堵截。当时，由于敌人实行法西斯统治，封锁严密，我们无法和群众接触，衣、食、住、行都很困难。行军带的东西有限，衣服破得实在不行了，才给发一件；鞋子供应不上，只好打赤脚；断了粮食，就用野菜、野果充饥。夜间露宿也很艰难，开始我们不会拢火，好不容易弄来一点干柴，不一会儿就烧光了，再点湿柴，怎么也点不着，只好挤在一起，又冷又湿地熬过一宿。后来摸索到一些经验，趁火最旺时加湿柴，就不易熄灭了。我们是一个班围着一堆火，先烤干衣服，然后再睡下。不多久，挨地的一面就湿了，有时因为白天行军太乏，睡觉烧着了衣服还不知道。

7 月的一天，我们来到张家湾河。当时正值雨季，河水猛涨，无法摆渡，很多人又不会凫水，而且大家经过长途跋涉的劳累、饥饿伤痛的折磨，加上敌人的围追堵截，已经疲惫不堪，根本无力再泅渡过去，所以只能眼睁睁地望着对岸。这时郭铁坚派水性好的一名连长和一名战士游过河，但派出去的人一去未回。

当时，我们的给养已用完了，新的给养又无法找到，只好寻找臭李子、山丁子、鲜菇、野菜吃，光吃这些东西，再加上着急上火，同志们大都便秘，但还要硬挺着走路。几天来，我们粒米未进，饿得眼睛直冒花，腿脚都不听使唤了，有的实在走不动了，索性爬着走。

缺吃少穿，大河挡住去路，派出去的同志一去不返，又没有通信工具与上级、兄弟部队联络，简直是困难重重。部队的思想有些波动，特别是那些从山林队改编过来的人，有的想开小差，有的企图叛逃，严酷的现实对全体指战员都是一个考验。

为了稳定战士们情绪，鼓舞部队的士气，年仅二十七岁的郭师长耐心地做战士们的思想政治工作。他告诉我们，敌强我弱的局面是暂时的、表面的，我们已经实现了国共合作，开始了全面抗战。军民同心同德，抵抗外敌，这是抗战取得胜利的重要保证，我们决不能被眼前的困难所吓倒。郭师长铿锵有力地说：“好男儿志在报国，活着为抗日战斗，死也为抗日捐躯。”

郭师长原是依兰县县立中学的学生，1935 年加入了中国共产党，他不但自己参加了抗联队伍，还动员他的兄弟、妻子参加抗日联军。他的弟弟郭成章就在我们班当班长，英勇善战。他的妻子在常有钧率领的第三军第一师，他的两岁半的孩子托付给别人抚养，后被日本侵略者查出并杀害。郭师长教育我们，要把仇恨集中在子弹上，全国千千万万的人民在遭受日本帝国主义的蹂躏，这是全民族的

郭铁坚

仇恨，我们要坚决打败日本侵略者，为全国人民报这个仇。政治部主任全昌哲也经常和干部、战士谈心，鼓舞大家的斗志。郝指导员、王连长、徐副连长，班长吴春有、郭成章，战士陈宗岭、郝凤才、葛万才等也都协助做思想工作。这些人在西征路上表现突出，每次战斗都是冲在最前面，撤在最后面。行军中他们帮助伤病员背枪，休息时主动出去找水，回来后又总是把一些野菜、野果留给伤病员、小同志。1938年我入党以后才明白，原来他们都是共产党员，他们的模范行动使当时部队的思想逐渐稳定下来。

不久，师长第二次派人打探，过了几天，仍是有去无回。困在这一带也不是长久之计，我们只好往回走，奔向绥棱县东山里，不久来到这里，找个地窝铺弄了点粮。之后，郭师长带着我们到绥棱阁山找给养。一天，我们正在玉米地旁休息，不料被伪民团的骑兵发现，双方接上了火。我们是步兵，穿玉米地敌骑兵撵不上我们，这伙骑兵也没什么战斗力。就这样我们边打边撤，撤到草甸子，过了草甸子。遇上了一条小河。这小河虽不宽，但河中心有六七米宽，一米多深，这把不会凫水的战士给难住了，于是我先游过河，砍了柳条子扔过去，再往回拉，就这样部队过了小河。随后部队又在欧根河、疙瘩山附近活动了一个多月。在此期间，我们曾与地主武装和开拓团遭遇几次，伤亡了部分同志，加之派出去找部队的同志未归，部队减员很严重，最后只剩下四十多人。为保存实力，郭铁坚把部队拉进距栾家烧锅屯十几里的山沟里住了下来。这时，许多同志由于饥饿、劳累、受伤，连挖野菜的力气都没有了。天热、营养不良，部分同志染上了伤寒，郭铁坚也烧得直说胡话。但是，只要他一清醒，就鼓励大家要克服困难，坚持下去。个别意志薄弱者经受不住如此严峻的考验，开小差逃跑了。郭师长十分痛心地对大家说："从九一八事变到今天，我们东三省已经沦亡了七年，多少兄弟家破人亡，多少人无家可归，苦难中的父老兄弟姐妹们正在盼着我们抗联打败日本侵略者，解放家园。我们现在扔下武器跑回家去，还有什么脸面去见家乡父老？我们难道连点骨气都没有了吗？"这些语重心长的话语，同志们听得泪流满面，有的同志一边抹去眼泪，一边表示抗战到底的决心。我也暗暗下了决心，一定要向郭师长学习，当一个硬汉子，决不做软骨头。

困在栾家烧锅屯附近的山沟里，我们的困难越来越大，没有盐，没有火柴，没有药品，病号在痛苦中呻吟，伤员的伤口在化脓。尽管如此，为节省弹药，避免暴露目标，我们宁肯遭罪，也不敢贸然进村。正在一筹莫展的时候，我们发现了常到山边玉米地干活的一位中年妇女。那时，已是玉米成熟的季节，郭师长抱着病弱的身子和王副官二人去拜访了这位妇女。原来，她是一位寡妇，姓张，领着两个儿子种了两块玉米。当时，她的大儿子十六七岁，小儿子十四五岁。郭师长向她讲明了来意，告诉她，我们是打日军的抗日联军，因为过不了河被困在这里，遇到了困难，希望得到大嫂的帮助。大嫂看到这两个人和蔼可亲，虽是当兵的，却不打不骂、不抢不夺，守着这片成熟的玉米，却挨着饿来求助，这和过去见到的那些军队可真是不一样。况且这些人年纪轻轻抛家舍业、背井离乡，还不是为了打日本侵略者，让老百姓过安宁日子吗？她十分爽快地答应了我们的要求，愿意尽力帮忙。郭师长十分高兴，立即拿出钱，求她到镇上去买些药品、盐和火柴。

此事看起来简单，实际上是要冒很大风险的。因为日伪军对抗联部队进行封锁，外用药、食盐、火柴之类的东西更是严加控制。买的量要是超过一个普通住户正常的需要量，马上会引起汉奸、特务的疑心。她只能一次少买，多买几次，积少成多。买了东西往山上送，又是一件难事。她白天装作去山上挖菜或种庄稼，如果白天去不成，夜晚上山还得由两个儿子做伴，因为山上经常有野兽出没。

那时，粮食管得很严，有钱也买不到，张大嫂就把刚长成的玉米掰下来给我们烀着吃。我们啃着焦黄喷香的玉米，感慨万分，在这最困难的时刻，还能有什么比这样的帮助和关怀更及时、更珍贵的呢！后来，张大嫂把两块地的玉米都送给我们食用。我们把黄澄澄的苞米小心地搓下来，放在平整的石板上用铁器压碎，掺上野菜，加上盐，煮成玉米粥，真是香极了！

张大嫂还帮我们买了不少鞋。怕引起麻烦，她在一个店铺只买一双，跑了好几个店，来回多少次，才使光着脚的同志们都穿上了鞋，张大嫂为我们真是费尽了心思。

在张大嫂的全力帮助下，加上同志们坚强的毅力，我们终于战胜了饥饿和伤病，渡过了难关险境。之后我们告别了张大嫂，离开山沟，又返回偏脸张一带活动。

10 月，气候转冷，我们还穿着单衣服。为了解决部队换季服装，郭师长派人找偏脸张的地主，动员他捐献。去的人向管事人宣传了各阶层人士也要抗日救国的道理，求他转告地主给抗联解决三十套棉装，实际上当时我们只剩下二十三个人了。

不久，落雪结冻了，我们这支队伍过了张家湾河，直奔八道林子，于 11 月间，与先期到达的兄弟部队会师，完成了艰难的西征任务。抗联军队与百姓的鱼水情，抗联的优良传统将世代相传，万古长青。

（本文选自人民网）

军爱民　民拥军
沂蒙军民鱼水情深

文／车少远　衣方杰

“横断山，路难行。天如火，水似银。亲人送水来解渴，军民鱼水一家人。”毛泽东曾说：“兵民是胜利之本。”在十四年抗战过程中，沂蒙地区涌现出一个个感人至深的拥军爱民故事，中国共产党及其领导下的武装力量用他们的实际行动，为沂蒙人民群众撑起“保护伞”，竭尽所能保护并帮助群众生产生活。

在艰苦卓绝的抗战时期，中国共产党及其领导下的武装力量与人民群众之间，军爱民，民拥军，军民鱼水情深。

1942年冬，为进一步密切军政、军民关系，中共中央指示在陕甘宁边区率先开展拥军爱民运动。1943年1月15日，陕甘宁边区政府颁布《关于拥护军队的决定》，驻延安的八路军留守兵团司令部、政治部作出《关于拥政爱民的决定》。山东省临时参议会、山东省战工会于2月23日作出《关于拥护抗日军队的决定》，山东军区、第一一五师随后作出《关于拥政爱民的决定》。此后，“双拥”活动在各地蓬勃开展，形成了军爱民、民拥军，军政军民空前团结的局面。

在硝烟弥漫的战争年代，沂蒙人民积极参加和支援抗日战争。在参军运动中，适龄青年响应共产党及其领导下的抗日组织的号召，争先恐后，踊跃报名，有十多万青年参加八路军。许多村庄出现“送子参军”“送郎参军”“兄弟争相参军”“村干部带头参军”以及青年戴大红花骑马入伍的感人场面。十四年抗战，沂蒙军民同日伪军作战四万余次，毙、伤和俘虏敌军二十五万余人，缴获火炮五百余门、各种枪两百余万支。

在艰难困苦的抗战岁月，沂蒙人民无怨无悔地爱党爱军，最后一口粮当军粮，

给战士补衣服的“沂蒙红嫂”

最后一块布做军装，最后一个儿子送上战场。用乳汁救伤员的明德英，精心照料革命后代、自己的四个孙子却因营养不良先后夭折的“沂蒙母亲”王换于……沂蒙人民在战争中组成浩浩荡荡的支前大军，车轮滚滚、担架如林，前送粮弹、后运伤员，放哨带路、看押俘虏……与人民军队共御外侮、众志成城，在抗日战争中谱写了惊天地、泣鬼神的英雄篇章。

每当战斗间隙，战斗在沂蒙抗日根据地的战士们就会积极帮助群众生产劳动，为人民群众从日军手里夺回粮食，帮助群众挑水送粪；劳动休息时，指战员们教儿童识字、唱抗日歌曲，并帮助村庄建立儿童团、民兵连、识字班等群众组织；帮群众干活时，指战员们自带干粮，不要任何报酬。部队无论走到哪里，都受到群众热烈欢迎。

人民军队爱人民

沂水县西南部南墙峪一带

1941 年 11 月，日伪军五万余人对沂蒙抗日根据地进行“扫荡”。八路军山东纵队姊妹剧团政治指导员甄磊和剧团部分人员被疏散到沂水县西南部的南墙峪一带，分散住在群众家中。11 月 7 日，日伪军包围了村子，让老幼到中青年中认领亲人，凡无人认领者，即被视为八路军抓走或当场杀害。甄磊见剩下的中青年中有八路军战士和外地的地方干部，就以农妇的身份认领了“丈夫”“儿子”和“兄妹”，救出了战友和部分群众。

部队文化教员帮助群众识字，提高文化水平

沭河两岸

1941 年沭河两岸大旱，1942 年又发生了严重的蝗灾，庄稼几无收获。春天青黄不接时，物价飞涨，群众以地瓜秧、树皮、野菜充饥。为帮助群众，八路军第一一五师教导二旅第四团组织一个营，到敌占区做地主的工作，让他们捐献出粮食，然后全部送给抗日民主政府用来救济群众。

乔团村（今连云港市东海县附近）

1942年春节前夕，东海县的日伪军四处抢掠，抢走老百姓喂养的猪六百多头，准备运往日本。第四团政委吴岱带领二营两个连，夜袭陇海铁路以北的伪军乔团村据点，歼灭守敌，将猪全部运到滨海根据地，分别送还给群众和地方政府，赢得群众称赞。

滨海军区

1943年春，滨海军区部队开展了拥政爱民突击月活动。两个月内，为群众挑水三十五万担、推粪十二万车，为群众挖粪、拉犁、推磨、干农活多得无法统计。

八路军帮助农民耕田

醋大庄（现属临沭县）

1943年6月麦收时，第一一五师教导二旅第四团和地方武装包围醋大庄（现属临沭县）据点七天七夜，掩护群众抢收麦子五千二百亩。滨海军区第十三团第三连在临郯费峄边沿地区驻扎一个多月，帮群众挑水七百二十三担、捣粪一百一十一担、送粪四百五十担、人拉犁耕地二十六亩。次年麦收时，第一一五师教导二旅第四团特地组织起割麦远征队，走遍五十二个村庄，帮助三百五十一户军属、二百八十四户村干部与抗日工属、九十六户贫农收麦四千五百六十多亩。

人民爱军胜亲人

东辛庄（今属沂南县）

1936年6月，徐向前、朱瑞率八路军第一纵队机关到达沂蒙抗日根据地后，住在东辛庄（今属沂南县）等村。当时已五十多岁的东辛庄村妇救会会长王换于向徐向前司令员建议，把部队指挥员子女安排到抗日堡垒户中。第一批安排干部子女二十七人，王换于和儿媳妇抚养第一一五师政委罗荣桓之子罗东进、女儿罗琳等孩子。在1941年冬，日伪军“大扫荡”中，这批孩子被隐藏在村外两个地屋里两个多月，其中的艰辛不言而喻。

临郯费峄边联县月庄村（今费县县城东南）

1940年春，临郯费峄边联县遭受灾荒，人民生活极端困难。战斗在此的八路军指战员吃糠咽菜，人人面黄肌瘦。该县月庄村人方兰亭为改善部队生活，竟让五岁的女儿小兰给别人当童工，换回一些谷子做成煎饼，送到八路军战士手中。战士们知道实情后，凑钱托人把小兰赎回了。

沂水县西南部西墙峪村

1940年9月，日伪军万余人“扫荡”鲁中沂蒙抗日根据地。驻在沂水县西南部西墙峪村的八路军山东纵队野战医疗所工作人员，随部队反“扫荡”，将五十多名伤病员分散到该村三十多户群众家中隐蔽。至1942年，西墙峪村多次掩护八路军干部、战士、伤病员共计三四百人和大批物资，无一受损，成为坚强的抗战堡垒。

祖秀莲老人生前与她当年抢救的八路军侦察员郭伍士的合影

沂水县院东头镇桃棵子村

1941年11月，日伪军五万余人“扫荡”鲁中抗日根据地。八路军山东纵队司令部侦察员郭伍士外出侦察，当他路过沂水县桃棵子村村南时，与日军一个小队相遇。他身中数枪，敌人又朝他腹部捅了两刺刀，以为他死了而离去。郭伍士苏醒后挣扎着来到桃棵子村祖秀莲家，祖秀莲竭尽全力救治和照料他，使他重获新生。

马牧池乡横河村（今属沂南县）

同是在1941年，日伪军“大扫荡”中，盘踞蒙阴的敌人包围了驻马牧池村的山东纵队领导机关。一位八路军小战士冲出包围圈后，被日军开枪打伤，小战士艰难地跑到横河村明德英家门口，因明德英早年患病失去讲话能力，就用手比画着把小战士引到旁边的石砌坟墓里隐藏起来。敌人搜寻无果后离开，明德英事后为昏迷的小战士包扎伤口，并将自己的乳汁给伤员喝。

依文区（现沂南县依汶镇）滑石崖村

伪军在1941年的“大扫荡”中搜捕八路军伤员时，依文区（现沂南县依汶镇）滑石崖村高乃贞家正住着八路军伤员及一些地方干部。敌人临近时，高乃贞背着重伤员，其母扶着轻伤员向山上转移，将他们藏在山洞里。当敌人快搜查到掩藏伤员的山洞时，高乃贞的母亲为吸引敌人注意力，毅然从不远处站起来，向西山奔走。敌人让她站住，她却走得更快，于是被敌人杀害。

费县沙沟峪李行沟

在大青山突围战中，费县沙沟峪李行沟的戚兰陈大娘，让儿媳妇张道兰带着刚出生一个月的孩子藏在地瓜窖里，将四名抗大第一分校的学员掩护在家中，让他们换上自家的破衣服，脸上抹上锅底灰，当成自己的儿子而躲过敌人的盘查。

筵宾区前辛庄村（今属莒南县）

1943 年 11 月，八路军一部转移到筵宾区前辛庄村。山东军区司令部通信大队长黄志才、部队无线电台台长刘凯夫妇将出生十五天的孩子“迎胜”托付给该村尹德美抚养。尹德美接受了此任务。

洙边镇洙边村（今属莒南县）

1944 年春，动员青年参军工作开始后，洙边村识字班长、村团支部委员梁怀玉深爱人民军队，在村里召开的动员大会上，她第一个上台发言，响亮地提出“谁第一个报名参军，我就嫁给谁”。该村刘玉明第一个报名参军，在他的带动下，全村有十一位青年报了名。在此影响下，全县五百二十七个自然村里，就有一千四百八十八人报名参军，其中一千三百九十九人加入八路军主力部队。

（本文发表于 2015 年 8 月 14 日，选自《沂蒙晚报》）

海阳郭城战场泊村见证抗战军民鱼水情深

文／王军华

1942年7月到1945年8月，许世友将军领导下的胶东军区机关曾四次驻扎于战场泊村，组织、领导当地民兵和群众展开了英勇的抗日斗争。

1942年7月1日，八路军胶东军区在海阳县朱吴村成立，后来军区机关迁至战场泊村。至1945年8月，许世友领导下的胶东军区机关多次长时间驻扎于该村。许世友在此率部先后进行了1942年反“扫荡”、1943年反“蚕食”、1944年局部反攻、1945年大反攻等一系列战役战斗，领导胶东军民进行了艰苦卓绝的抗日战争，取得了辉煌的战绩，毛泽东主席曾称赞在许世友领导下的胶东子弟兵“打红了胶东半边天”。

胶东军区司令部首次进驻战场泊村，组织军队、百姓在该村一个名叫南岗外的地方，召开了纪念“九一八”大会，三亩地的广场上挤满了人。许世友在大会上号召党政军民勿忘国耻，坚持抗战，把日军赶出中国。

会后，部队进行比武表演。先是爬杆比赛，场中央竖起一根几丈高的杉木杆子，战士不用任何工具，徒手就能攀爬到杉木杆顶，身手非常敏捷。之后是马队表演，许世友骑着一匹红马，马前额中央有一缕白毛，威风凛凛。他骑马绕场巡视一周，下达操练命令，指挥员一声“卧倒”，一百多匹马全都卧倒在地，令在场群众惊叹不已。

胶东军区司令部第二次进驻战场泊村，正逢农历新年。许世友下令把战场泊村潘、杨、邹、王四大姓的家谱集中到南沟台子上，一字儿摆开，进行春节大团拜。全村男女老幼按辈分为序，先后向家谱三鞠躬。政治部的干部号召群众：抗战不分东南西北，中国都是一个老祖宗，要团结起来，共同抗日。那年正月扭秧歌，秧歌

“军民鱼水情”雕塑

队的队首在战场泊村，而队尾在一公里外的台城，像一条巨大彩龙，翻腾舞动在村庄的道路和田埂。

此后，英雄的胶东子弟兵从这里走向全国战场。涌现了“济南第一团”“济南第二团”“潍县团”“守备英雄团”“塔山英雄团”“白台山英雄团”“英勇善战模范团”等英雄集体和夏侯苏民、任常伦、刘奎基、魏来国、鲍仁川、程远茂、黄相和、刘坤、蔡萼等一大批全军著名的战斗英雄。

现在在战场泊村爱民广场上，有座名为“军民鱼水情”的雕塑，表现的是当地百姓带着自己最珍贵的粮食、瓜果等慰问打了胜仗归来的八路军战士，体现出浓浓的鱼水深情。雕塑高约四米，长约八米，宽约三米，为铸铜材质。

（本文选自水母网）

常熟沙家浜的军民鱼水深情

文／商中尧　张甜甜

沙家浜革命历史纪念馆

沙家浜，抗日战争中催生“芦荡火种”的革命摇篮。七十六年前，新四军江南抗日义勇军的三十六位伤病员在阳澄湖畔养伤，当地群众为保护伤病员与敌人斗智斗勇，谱写了一曲军民鱼水深情的感人篇章。二十世纪五十年代，这个感人至深的故事被搬上舞台，先后演绎成沪剧《芦荡火种》和现代京剧《沙家浜》，唱红了祖国的大江南北，深深地影响了几代人。

舍命掩护伤病员　群众中涌现无数“阿庆嫂”“沙奶奶”

“要学那泰山顶上一青松，挺然屹立傲苍穹。八千里风暴吹不倒，九千个雷霆也难轰……俺十八个伤病员，要成为十八棵青松”，这一段铿锵有力的唱词是现代京剧《沙家浜》的压轴戏。走进沙家浜瞻仰广场，道路两侧屹立着十八座造型各异的雕塑，每一尊雕塑都有残缺，象征着《沙家浜》中十八位伤病员。事实上，当年留在阳澄湖畔养伤的伤病员共有三十六人，戏剧为了舞台效果给改成十八人。

跟随一批批前来参观的游客，笔者走进了此站寻访的“源头”——沙家浜革命历史纪念馆。馆内陈列着四百多幅革命历史图片和一批革命文物，采用多媒体、场景复原等现代化手段，形象逼真地再现了当年的抗日场景和军民鱼水深情：护士为受伤的战士换药，房东大婶为伤员端出一碗水……

1937年7月7日，抗日战争全面爆发。不久，上海失守。1937年底，苏州、常熟、太仓一带的革命群众在党组织的号召下，迅速建成了人民抗日自卫队。1939年，叶飞率领新四军老六团部分指战员与人民抗日自卫队会合，组成江南抗日义勇军（简称“江抗”），给日伪军以沉重的打击。1939年秋，江抗部队奉命西移，为了重伤员可以更好地医伤养病、早日康复、重返战场，就留下一些医护人员组建流动的后方医院，让三十六位伤病员在阳澄湖畔养伤。

陈列柜中，一团灰扑扑、脏兮兮的棉花包吸引了笔者的目光，凑近细看才发现，这是战地医院里用的手术包，旁边摆放着的锈迹斑斑的镊子、剪刀，这就是战地医生用来为伤病员取弹片的简易工具。当年江抗留下的后方医院，处于敌伪势力的包围中，完全没有武装掩护，依靠当地人民群众的支持和帮助，伤病员分散隐蔽在昆承湖与阳澄湖之间的横泾、陆巷、肖泾、长浜、张家浜等村庄，敌人几乎天天下乡搜捕。为了掩护伤病员，乡亲们把他们藏在自己家里，敌人来了，乡亲们就抬着担架把他们转移到船上，摇进深深的芦苇荡里。敌人一走，乡亲们马上蹚水，到船上给伤病员换药、送饭送水。敌人封锁严密，医院缺少必要的药物和医疗器械，乡亲们就冒着生命危险把药物运进来。乡亲们还在主要水道上打下明桩暗坝，巧摆迷魂阵，鬼子的汽艇来了，不是一头扎进死水浜，就是绕来绕去原地兜圈子，而乡亲们对水网地形了如指掌，总有办法把伤病员转移到敌人意想不到的地方。在和敌人的斗争中，乡亲们不顾个人安危，为保护伤病员，很多乡亲献出了自己的生命。

依靠当地群众的掩护和帮助，三十六位伤病员全部痊愈，从芦苇荡里走出来，组建了新江抗部队，给敌人以沉重打击。京剧《沙家浜》里的阿庆嫂、沙奶奶的人物形象正是常熟当地无数革命群众的缩影。

“青松”屹立不倒　教诲后人不忘革命传统

当年在沙家浜养伤的三十六位伤病员，如今仅一人健在。

笔者在无锡一家医院见到了九十三岁的吴志勤老人，老人穿着一件挺括的军便装坐在窗边的沙发上，看上去精神不错。

吴志勤

吴志勤的儿子吴京成告诉笔者：“最近天气不好，老人的肺部毛病犯了，这几天都在打点滴，前一天躺在病床上还蔫蔫儿的，今天听说沙家浜的人来看他，精神好了很多，都能坐起来了。他对沙家浜是真感情啊！”

1923年10月，吴志勤出生于江苏省无锡市钱桥镇溪南村（今无锡市惠山区）一个贫苦的农民家庭。1937年末无锡沦陷后，一家人开始逃亡。1939年2月，只有十六岁的吴志勤加入了江南抗日义勇军二路一连。吴志勤参加了黄土塘东进第一仗、夜袭浒墅关、火烧日军虹桥机场等数十次战斗。在此后的江阴顾山战斗中，吴志勤不幸负伤，包括他在内的三十六位伤病员一起留在阳澄湖畔的后方医院养伤。伤愈后，1941年5月，吴志勤参加了消灭胡肇汉部队的战斗。1941年夏，日伪军对苏南地区实施“清乡”，企图消灭抗日力量，在望亭的一次战斗中，吴志勤腿部中弹负伤，弹片至今还留在膝盖里。

这些年来，吴志勤几次回到沙家浜，看望曾经并肩战斗、如今长眠松柏间的战友们。吴京成说：“父亲总是说，沙家浜是他重生的地方，如果没有沙家浜的人民群众，他不会活下来。”吴志勤的三个子女分别是医生和教师。他的女儿吴鸣华说：“父亲一直教育我们堂堂正正做人，不忘革命先烈的优良传统。他常说：‘我能活下来已经很幸运，我的战友们都不在了，他们看不到今天的好日子，我们更要珍惜。’”

原沙家浜革命历史纪念馆馆长徐耀良告诉笔者，“阿庆嫂”这个角色糅合了很多革命群众的形象，涵芬阁茶馆的老板娘陈二妹、从上海来开展革命工作的女学生朱凡、在日军眼皮底下转移枪支的戴阿大、掩护后方医院护士逃脱搜捕的徐巧珍、发动妇女洗军衣做军鞋的范惠琴等。

范惠琴的外孙金耀良告诉笔者，小时候他跟随外祖母生活，外祖母从来不炫耀自己当年参加抗日的革命经历，长大之后他才从亲戚、朋友和史料中了解到外祖母投身革命、遭受日军严刑拷打也没有出卖同志的英勇事迹。听从外祖母的教导，金耀良放下经营多年的服装生意，创办了沙家浜阿庆嫂春来茶庄，担起“阿庆嫂”的老本行。他也时常参加常熟

范惠琴的外孙金耀良在讲述外祖母的英雄事迹

市新四军研究会、历史文化研究会的研讨活动，搜集史料、编撰材料，为传播沙家浜精神出一份力。

当兵光荣氛围浓　当代“阿庆嫂”“兵妈妈”延续鱼水情

“其他地区征兵常常征不满，我们却是征兵名额不够用。”沙家浜镇党委书记张建强说。过去沙家浜的革命群众誓死保卫新四军伤病员，如今常熟人民积极地将子女送进军队。作为一个经济发达地区，常熟市每年的征兵工作都完成得相当出色，“沙家浜精神”早已深深地融入常熟人的血脉之中。在常熟一直有着当兵光荣的氛围，而且当兵光荣不是一句空口号，有实实在在的优抚安置措施作保障。

和七十多年前一样，常熟群众以最真挚的感情关怀着子弟兵。2010 年常熟市在全国创新双拥举措，每名驻常士兵结对一位“常熟兵妈妈”，搭起一座座联结军队和家庭的“连心桥”，让子弟兵在异地也能感受到家庭和亲人的温暖。把自己的儿子送出去当兵的“常熟兵妈妈”，在关心着驻常士兵的同时也缓解了自己的思念之情。“常熟人民对沙家浜部队官兵的感情很深，当年戏里唱‘沙家浜就是你们的家’，今天沙家浜仍然是你们的家。”去年，被誉为当代“阿庆嫂”的钱月宝在北京人民大会堂见到沙家浜部队时动情地说道。

当年沙家浜群众用生命和鲜血保护下来的三十六位伤病员，成为三十六颗宝贵的革命火种，再建了新江抗部队，这支队伍不断发展壮大，成为人民解放军行列里的雄狮劲旅。1998 年 8 月，长江流域发生特大洪水灾害，常熟人民在新闻里看到了一面“沙家浜团”的旗帜飘扬在荆江大堤上。他们与抗洪部队联系后证实，这支“沙家浜团”正是从阳澄湖畔芦苇荡中成长起来的部队。常熟相关部门连夜组成慰问团，奔赴湖北石首，在抗洪一线与沙家浜部队完成了跨越半个世纪的握手。自此，常熟人民与沙家浜部队建立起密切的往来，每年派出慰问团前往济南军区第二十集团军慰问，常熟市还专门设立“沙家浜奖励基金”，用于奖励“沙家浜连”表现突出的优秀官兵，同时每年邀请官兵代表到沙家浜参观学习，回家看看。

曾叫过“横泾公社”和“芦荡乡”的这个地方在 1992 年正式改名沙家浜镇，该镇自此抢抓机遇、创新发展，逐步成为闻名全国的红色旅游经典景区。每年有两百多万游客来到这里，听听京剧《沙家浜》，喝一杯“阿庆嫂”的茶，回味一下历史。

（本文发表于 2015 年 7 月 7 日，选自《苏州日报》）

鱼水情深深似海　军民义重重如山

文／宋金淦　戴　汇

“吃菜要吃白菜心，当兵要当新四军。打仗总是打胜仗，从来不欺老百姓”“纺车转又转，棉纱细又长。织成千匹布，军民暖洋洋……”至今，这些朗朗上口的歌谣仍在盐阜大地传唱。

回望那一段烽火岁月，新四军战士和盐阜百姓心心相印，鱼水情深。这份深情真挚热烈，汇聚成股股暖流，给人以温暖和希望；军民情意坚如磐石，构筑起保家卫国的钢铁长城，最终驱散黑暗迎来光明。

不是亲人胜似亲人

抗战时期，新四军和老百姓朝夕相处、患难与共，结下深厚情谊，不是亲人、胜似亲人。1944年农历正月起，新四军在全军七个师和各根据地地方部队中广泛深入开展拥政爱民、拥军优属的“双拥运动”，进一步增强军政军民团结。

“新四军好，对我们老百姓好！”住在阜宁县芦蒲镇马集村，今年八十七岁的杨寿雪和八十八岁的王耀英夫妇提到新四军就乐呵呵地竖起大拇指。当时，他们住在芦浦老街，对面高凤超家住着新四军，新四军纪律严明，“不拿百姓东西，睡觉都是打地铺，平时还帮忙下田干农活、拾粪，临走时挑水把水缸装得满满的，家里家外扫得干干净净”。村里有户叫马林开的抗日烈属，日伪军在这里的时候把他家屋顶开了两个洞用来放哨，走的时候放火把房子烧了。新四军战士听说后，主动帮着修缮房屋，送上衣被。

新四军军部组织的春耕队和阜宁当地群众在一起

新四军以亲民爱民的实际行动，赢得百姓的信任支持。新四军与日伪军作战，老百姓冒着枪林弹雨送军粮、弹药上前线，护送伤员下火线。盐阜地区人民群众紧紧团结在中国共产党和抗日民主政府周围，形成了一股强大的抗日救国洪流。

群众为新四军伤病员端水、喂饭

那时，阜宁除了抗属、学生、残疾人等，十九岁到五十岁的男子全部参加了自卫队，大批青年踊跃参军，父送子、妻送夫的场景随处可见。群众还组成一万多人的担架队，给部队送水送饭、运送武器弹药、护理伤员等。在家的妇女纺纱、织布，做棉衣、军鞋，争着抢着送给新四军。“我那时一夜纳一只鞋底，可不比别人慢。”王耀英笑眯眯地说。

军民同心，其利断金。1945 年 4 月，新四军第三师发动阜宁战役，参谋长洪学智任前线总指挥。4 月 26 日上午，战斗胜利结束。阜宁成为全国抗日战争战略反攻前夕，苏北新四军从日伪手中夺回的第一座城市。

“先让老百姓过桥”

阜宁芦蒲镇马集村的管立清老人，从 1940 年开始，就做起支前民工，为部队运送军需物资和伤员。虽然已是一百零四岁高龄，老人精神矍铄，思路清晰。听说我们来寻访新四军足迹，他很高兴，给我们讲起了印象最为深刻的一个故事。

那是 1934 年春节前后，日伪军的步兵、骑兵、炮兵、空军几万人对苏北抗日根据地进行“大扫荡”。新四军第三师师部为了跳出敌人的合击圈，决定渡过旧黄河撤退，并在河上用几十条小木船临时架起一座船桥。从阜宁县城西进，经东沟、益林北上的敌人已逼近旧黄河，枪声、炮声越来越近。这时，旧黄河南边几个村子的数百名老百姓扶老携幼挤在河边，想要过

管立清老人讲述军民团结抗日的故事

河。但河水齐胸，老幼难行，船桥只能一个人一个人地单行。师部大多数人也急需过去。

“情况真是要命啊，敌人就在后头！”讲到关键处，管老拍着大腿直叹气。当时，新四军第三师师长兼政委黄克诚也在河南船桥口，只听他大喝一声：“部队停止，先让老百姓过桥！”他站在岸上，亲自指挥部队让路。枪声越来越密集，炮弹已打到河里，激起条条水柱。部队官兵没有一个人与百姓争渡，都让在一边，让老百姓先过，还有人维持秩序，以免拥挤落水。经过半个小时左右，老百姓全部安全到达对岸，师部人员才开始过桥。

“新四军就是这样，真正把我们老百姓放在心上啊！”管老说这句“先让老百姓过桥”让他铭记至今。

小海商人智救情报员

大丰市（现大丰区）原名台北县，有着光荣的革命传统。原大丰市委党史办副主任陈海云曾经拜访过多位战争亲历者，他给笔者讲述了这样一个故事：

1943 年 5 月的一天深夜，夜送情报的共产党员孙欣投宿于小海镇商人朱福儒家。次日清晨，天刚蒙蒙亮，孙欣被朱福儒叫醒。他一骨碌从床上跳下来，警惕地朝窗外探视，原来是日伪军和地方抗日武装独立团在不远处交火了。这时，朱福儒已经把孙欣随身的短枪、文件、皮包藏好，又找出衣服把他扮成店员。不久，一个伪军直奔朱家而来，急促地敲门。朱福儒刚把门打开，那家伙就冲进来，一手拿着短枪顶着朱福儒脑袋，一手揪住他头发，杀气腾腾地问：“你家藏的新四军到哪去了？快交出来，不然毙了你。”

孙欣见敌人如此威逼无辜百姓，恨不得宰了他，但转念一想，不到最后关头，不能轻举妄动，否则害人害己。于是，他冷静下来，做好了“宁愿牺牲自己，也要保全朱老板”的思想准备。面对凶恶的伪军，朱福儒也在想，夜深人静的，孙欣来我家借宿，连左邻右舍都不知道，敌人怎么可能知道，一定是来诈我的，想从中捞一把。

“朱福儒胆子大、点子多、沉着冷静，他转身拿出两个金戒指塞到伪军手里，帮助孙欣躲过了这次搜捕。”转述起当年的惊险场景，陈海云的心情久久不能平静。他说，抗战时期，孙欣在大丰先后七次被日伪军搜捕或包围，都是由当地群众冒着生命危险掩护脱险的。战争结束后，孙欣回到老家扬州江都，写下一副对联“鱼水情深深似海　军民义重重如山”贴在家里，以表达对盐阜老区人民的感激之情。

发扬优良传统　共谱双拥新篇

日伪军来了，群众一天跑反几次；新四军来了，大家夹道欢迎。我们从一个个军爱民、民拥军的生动故事中，体会到军民之间浓浓的鱼水情。

盐阜区的抗日阵亡将士纪念塔于1943年9月10日竣工。当时参加建塔义务劳动的群众总计近万人，最多的时候，一天有近两千人，所有建塔材料都是群众肩担车推运来的。阜宁芦浦镇党委副书记朱天文说，纪念塔已经被列为苏北地区革命传统教育基地，前来参观学习的人很多。

抚今追昔，在革命老区盐城，拥军优属、拥政爱民的优良传统一直薪火相传，生生不息。如今，军政军民同呼吸、共命运、心连心的大好局面更是不断得到巩固和发展，国防建设与经济社会发展互动并进，各项事业取得不断进步。

军民融合谋发展，鱼水情深谱新篇。我们坚信：依托坚如磐石的军政军民关系，一定能够战胜一切艰难险阻，不断从胜利走向胜利，共同谱写好中国梦强军梦的盐城篇章！

（本文发表于2015年8月18日，选自《盐城晚报》）

三十年前“红军信” 浓浓军民鱼水情

文/黄　杏　向小东

习水县委近日在整理《红军在回龙历史考证》的历史资料中，发现了一封三十年前一位老红军从江西赣县田村乡五陂村寄到习水县回龙镇的感谢信——

席珍恩公台鉴：

我原系中国工农红军第三军团第四师十团卫生员，同伴十余人，因伤因病流落贵地十余年，承恩公等相救，事过数十年，寄出多少信，却未曾收到，将信退回，我心中十分痛苦，但不灰心，现今再来信问安，请恩公将家里情形详告，以免挂牵……在你家中的宁都赖年清，你拿了盘费给他路用，也回乡了。我们回家同伴七人，一路星夜经过数十日，历尽艰辛，但还是平安抵达，真是三生有幸。世间众多好心人，知遇之恩，终身难报恩公之德……

顺颂福安

弟肖秀松敬上

丙寅八六年古历九月二十二日寄

质朴的来信里面，有一个感人的故事。

1935 年 2 月 18 日，红军二渡赤水河，肖秀松、赖年清、卢怀安等红军负伤被习水县回龙镇的杨席珍所救，带回家中养伤。1937 年后，他们五人各开门户，租田种地，做小本生意，并联络了失散在当地的红军十余人，成立了红军同乡会，抵御地方豪强，保护当地百姓。抗战胜利后，肖秀松、赖年清等七人在杨席珍等人的帮助下，几经周折，回到家乡。

这封感谢信送到回龙镇杨汉龙的手中时，他的祖父杨席珍已故近四十年。

红军在习水县长达六十二天的转战途中，像这样“民爱军、军爱民”的故事数不胜数：红军经过回龙镇时，老百姓自发组织为红军编制上千双草鞋；红军打倒当地土豪后，给每家每户送去一碗大米；在程寨乡石门村，红军拔老百姓的白萝卜解渴，将钱放在萝卜坑里；红军在民化小饭馆吃饭时，怕老百姓吃亏，让饭馆老板少盛点饭……

如今，这颗拥军爱民的种子已经在习水大地上遍地开花。哪里有困难，哪里就有军人的影子。

海军某部在2001年捐款一百五十多万元援建了东皇镇天鹅池海军希望小学以来，十五年如一日与学校保持和开展结对帮扶助学活动，共帮扶学生二百九十二名；县人武部协调资金近百万，组织官兵投工投劳，解决官店镇河村一千七百八十八人的饮水问题；武警中队十八年如一日抚养三个孤儿，他们如今已经顺利考上大学；消防大队习水中队2015年出警一百零三次，解决了百姓许许多多的困难……

更令人难忘的是习水县8·11、8·17特大暴雨灾害中，出动军（警）、民兵应急分队六千余人（次），深入灾区开展救援，转移安置受困群众一千五百多人，抢救人民财产五百多万元，为灾区群众运送大米、油、水、面包等物资，谱写了一曲新时期军民鱼水情的感人篇章。

（本文发表于2016年8月22日，选自《贵州日报》）

一顿剁荞面　军民鱼水情

文／付瑞霞　陈　晨

陕西吴起镇是中央红军长征的落脚点。因为一顿剁荞面，这里的百姓记住了红军这支特别的队伍。

地处陕北黄土高原腹地的吴起镇曾饱尝战乱之苦。此地远离中原，因战国初期大将吴起在此屯兵而得名；民国时期，这里的百姓又遭受着国民党保安团和土匪的轮番滋扰。

1935 年 10 月 18 日下午，听说一群“扛枪的”即将到来，吴起镇的张湾子村村民像往常一样赶紧通知四邻，奔走避难。村民张廷杰的妻子侯孝俊正在坐月子，行动不便。等张廷杰收拾妥当，带着一家大小走出院门，刚好和行军至此的十几个“扛枪的”遇个正着。这段有惊无险的经历，成为张廷杰后来津津乐道的故事。

1935 年，红一方面军主力到达陕北吴起镇

“走在最前面的人问我父亲这是要去哪，能不能在我家住一宿。我父亲心里害怕，只能说‘能么’，就把他们往家里引，腾出孔窑洞让他们住。”张瑞生从记事起就听父亲张廷杰反复讲述这段往事。

对于张廷杰这样的普通农民来说，所有“扛枪的”都不好惹。国民党保安团和土匪只要到村里来，都是随意宰羊杀鸡，劫银抢粮。而这支第一次遇见的队伍，让张廷杰觉得有些不一样。

“有人跟我父亲说，他们的首长身体很虚弱，家里有没有东西，能给首长做点儿热乎饭。”张瑞生说，父亲觉得这些人对老百姓很客气，和其他队伍不一样，心里的石头就慢慢放下了。

张廷杰让妻子侯孝俊做了一顿当地的剁荞面。

“这位首长吃了热腾腾的面，还跟我父亲说：‘一年了！路上还没吃过这么香的饭，陕北真是个好地方！’”张瑞生说，当晚这支部队在自家窑洞住了一宿，他的父亲因为响个不停的电台声彻夜未眠。第二天一早，这支部队就和张廷杰告别，首长还送给他一个稀罕物——保暖瓶。

直到很久之后，张廷杰才辗转得知那天在他家借宿的是中央红军，那位和蔼可亲的首长叫毛泽东。

（本文选自新华网）

魏登志：我给新四军送过“鸡毛信”

文／刘　申　杨洪霞

郧西县中共鄂豫陕省委和红二十五军司令部旧址

魏登志老人是坎子山村村民，生于1934年。1946年中原突围，新四军路过湖北口期间，年仅十二岁的魏登志“多次参加革命活动”。

1945年11月，土匪头子艾光清在湖北口坎子山一带行凶作乱，“清剿”当年与红军有联系的人。凡参加过抗捐队，分过地主财物，替红军送过信、带过路者，一律“滚坡”（悔过、立保证），并暗地里差人抄家、绑架或杀人，逼得方圆百余里的老百姓家破人亡。

新四军大部队撤离湖北口时，留下一支队伍，他们到坎子山一带剿灭土匪头子艾光清。1946年2月初的一天下午，上级部门得到消息：万家山游击队员万永平、万永月叛变了，归顺了艾光清，准备当晚在万家山暗杀新四军战士杨金水。

“我母亲是坎子山农会妇女主任，负责宣传工作。”魏登志讲道，“情况十分紧急，上级要求宣传部门送信。由于情况特殊，天快黑的时候，母亲把信交给我说，这封‘鸡毛信’关系到新四军战士和当地游击队员的性命，你必须在天黑以前送到。”

“当时，我给本村的魏恩堂家当长工放牛，为了掩人耳目，母亲让我吆喝着五头牛，假装是送牛。”魏登志说，他把信捏在手心，遇到人了就把信藏到鞋底里。翻山越岭跑了十几公里后，他终于到达了万家山，把信交给了新四军战士杨金水。

“由于情报送达及时，有四十多名新四军、游击队战士得救。”魏登志告诉笔者，“从那以后，只要新四军或游击队遇到紧急情报，都由我送信。”

魏登志曾先后为新四军送过五次“鸡毛信”。老人说，他很幸运，能参与革命活动。“虽然我做得微不足道，但是新四军的英勇无畏让我很受触动。”魏登志动情地说，“现在赶上好的时代了，更应该继承革命传统，让革命精神薪火相传。”

（本文选自荆楚网）

解放田柳时八路军曾住俺家

文／韩金萍

"解放田柳时，八路军曾住俺家。"王中文回忆起了儿时与八路军共处的日子。1945年，抗日战争进入大反攻阶段，为了解放田柳，大批八路军驻扎在田柳庄周围的村庄，其中十几名八路军就住在了他家里。

"当年，八路军大部队'开'进我们村和附近几个村庄，准备攻打田柳庄。"王中文回忆道，那年他十岁，虽然小，但是经常听大人们谈论此事。据说，田柳庄这个据点很坚固，称得上是敌人苦心经营的堡垒。它周围筑有两道高约十二米、相距五十米的围墙，围墙外还有约两米深的壕沟，沟外遍布着用尖木桩做成的陷阱，陷阱外层密布着木栅，差不多有一百米宽。这些木栅都是从老百姓家中强制锯来的。"记得，他们还从我家锯了九棵碗口粗的枣树，一分钱也没给。"

1945年，抗日战争进入大反攻阶段，为了消灭日伪军，扩大解放区，我渤海军区部队遵照山东军区的命令，在杨国夫司令指挥下，发起了战斗，拔除了王高、袁家桥等十多个敌伪据点，之后又打下了邢姚、侯镇，这两次攻势，歼敌四千余人，扫清了田柳庄的外围据点，对田柳庄形成了大军压境之势。"为了查看地形，等待时机，八路军分散到了田柳庄周围的村庄驻扎，而我老家朱家庄子村距离田柳庄有七八公里，也有不少八路军居住。"王中文称，"一日，村领导领了一名长官级别的人到我家，对母亲说'八路军要驻扎在我们村，想找几间房子住，你看有没有地方'。那时候我们家经济条件虽不好，但房子还算宽裕，母亲当即同意给他们腾出两间西屋来。"

两间西屋里放着一些破桌子等杂物，为了让八路军住得好，王中文便跟着母亲整理房间。"把屋子里的杂物搬出来，家里也没有什么多余的被褥，不过农家人不缺麦秸，于是我们将麦秸铺在地上，算是铺盖吧。"王中文称，过了没几天，八路军就到他家了。十多个人，西屋住不开，四五个人便在大门楼里铺了些麦秸，住在那里。“那时候小，一下子这么多人住到我家，虽然不害怕，但有点紧张，所以只是远远看着他们干什么，也不好意思过去说话。每天早上，他们都会扫院子、街道，而且不拿群众分毫。记得他们开饭前基本上都要唱歌。从歌词中，依稀能听出‘三大纪律，八项注意’的字眼，而且还喊口号，有时候我也会跟着喊。”

“记得在我家屋后的菜园子里停放着两门大炮，炮筒长约四米，车轮有近一人高，我不知道是什么炮。每天都有人看守，不让靠近，我们几个好奇的小孩都是远远地看看。他们在我家住了十多天，就用骡子拉着大炮走了。攻打田柳庄时，我还听到了炮声，晚上往田柳庄方向望去还能看见火光。”王中文说，田柳庄解放了，寿光县（今寿光市）大部分地区解放了，大家沉浸在欢庆胜利的喜悦之中。“如今，大家物质生活富裕，精神生活富足，这些都离不开那些牺牲的英雄们，而那年八路军在我家居住的日子也成了最美好的回忆。”

（本文选自《寿光日报》）